DR. CHRISTOPH AUGNER

WUT IST AUCH KEINE LÖSUNG

humboldt

INHALT

EINLEITUNG

Kennen Sie diese Tage? Nichts funktioniert, alles scheint irgendwie gegen Sie zu arbeiten. Dann kommt auch noch dieser Kollege, den Sie nicht leiden können, mit haltlosen Vorwürfen um die Ecke. Mit unendlicher Selbstbeherrschung unterdrücken Sie Ihre Wut – nur um sie am Abend wegen einer Kleinigkeit bei Ihrem Partner rauszulassen. Irgendwann reicht es eben!

Später am Abend drehen Sie vielleicht den Fernseher auf und kommen gerade recht zum Interview mit einem Fußballer, der ein Spiel knapp verloren hat. Sichtlich wütend schnauzt er den Reporter bei jeder Frage an. „War es ein Fehler, in der zweiten Hälfte so offensiv zu spielen?" – „Sie können sich ja selbst mal auf den Platz stellen, wenn Sie so ein Schlaumeier sind!", blafft der Spieler zurück. „Es ist mein Job, diese Fragen zu stellen", sagt der Reporter. „Dann stell doch mal eine, die nicht dumm ist", bricht der Spieler das Interview ab.

Klar, im Sport ist reichlich Adrenalin im Spiel, da geht man schnell in die Luft. Aber auch im Alltag begegnen wir ständig irgendwo wütenden Menschen.

Ich sitze in der S-Bahn, die Fahrkarten werden kontrolliert. Die Frau vor mir zückt wie ich ihre Jahreskarte, doch leider scheint der Scanner des Kontrolleurs die Karte nicht lesen zu können. „Die ist ungültig", sagt er. „Sie müssen ein Ticket kaufen." – „Die läuft erst in acht Monaten ab, natürlich ist die gültig", erwidert die

Frau schon leicht gereizt. Sie ahnen, was kommt: Ein Wort gibt das andere, es kommt zu einem Schreiduell, in dem der Frau mit der Polizei und dem Kontrolleur mit der Entlassung gedroht wird.

Ich denke noch: „Muss sie sich jetzt so aufregen?“, doch beim Aussteigen später sagt sie mir, dass ihr Tag furchtbar war und sie jetzt auch das noch regeln müsse. „Ich kenne solche Tage“, antworte ich und meine es auch so. Man muss kein geborener Choleriker sein, um einmal die Nerven zu verlieren und wütend zu werden. Wenn die Kinder schon beim Frühstück quengeln, der Chef zu Hause anruft, man keine Zeit mehr für den Einkauf hat, die Kollegen die Arbeitsaufteilung absichtlich missverstehen – dann kann der Topf einfach einmal übergehen.

Beim Heimgehen biege ich in meine Gasse ein, in dem Moment dreht eine Autofahrerin mitten auf dem Gehweg um – ich kann gerade noch zur Seite springen. Ich blicke zur Fahrerseite und erwarte voller Naivität eine entschuldigende Geste. Weit gefehlt, die Frau deutet mir den Mittelfinger. Sie gibt Gas, und wieder muss ich ausweichen, um nicht mit ihrem Seitenspiegel zu kollidieren. Fassungslos schaue ich dem Auto hinterher, ich spüre mit jeder Faser meines Körpers, dass ich wütend werde ...

Im Straßenverkehr, auf Demonstrationen, in Internetforen, sogar in Diskussionssendungen – überall wütende Menschen. Klar, Wut hat es schon immer gegeben, ist zutiefst menschlich, aber es scheint kaum von der Hand zu weisen, dass diese Emotion im Trend liegt. Wütende Rächer à la „Ein Mann sieht rot“ sind mittlerweile gängige Heldencharaktere in Film und Fernsehen. Viele Serien bestehen mittlerweile daraus, dass sich Menschen anbrüllen, „auf den Tisch hauen“ oder sich sonst irgendwie die Meinung geigen.

Auch die psychologische Forschung interessiert das Thema Wut brennend – allerdings erst seit Kurzem. Eine einschlägige Schlagwortsuche in der größten medizinischen Datenbank PubMed zeigt einen bemerkenswerten Trend: Bis 2006 wurden nur wenige Studien pro Jahr publiziert, dann plötzlich ein massiver Anstieg: Drei Viertel aller Studien zur Wut sind seit 2006 erschienen.

Manche sagen, in der modernen Gesellschaft, am Arbeitsplatz, in der Öffentlichkeit sind negative Emotionen nicht mehr akzeptiert, man darf nicht mehr sagen, was man denkt, man muss immer schön brav sein. Das staut sich dann alles auf und entlädt sich in anderen Situationen. Die Gattung „Wutbürger" entsteht.

Doch Wut ist keine Lösung. Ihre negativen Seiten sind unübersehbar. Wütende Menschen beschädigen ihre Beziehungen, vergiften ihre Umgebung und schaden letztlich sich selbst. Manchmal führt Wut zu Aggression oder gar Gewalt. Konflikte eskalieren, statt sich zu entspannen, Probleme vertiefen sich, anstatt gelöst zu werden. Nicht umsonst galt die Wut schon in der Antike als Charakterschwäche und war deshalb verpönt.

Ist der Wutanfall schließlich vorbei, überkommen den Wütenden nicht selten Schuldgefühle. Man hat es ja nicht so gemeint, entschuldigt sich im besten Falle, relativiert die ganze Sache („So schlimm war es ja auch nicht", „Es musste halt raus") oder tut einfach so, als wäre nichts gewesen.

Doch die Wut ist keine nutzlose Emotion, die nur Schaden erzeugt. Sie hat Funktionen in unserem Leben. Ein konstruktiver Umgang mit ihr heißt auch nicht, sie zu ignorieren oder einfach hinunterzuschlucken. Sie weist uns auf etwas hin, was nicht „passt". Auf eine

Ungerechtigkeit, auf verletzte Bedürfnisse oder Gefühle, auf eine Situation, die uns schadet.

Wut ist dann zwar nicht *die* Lösung. Aber wir können dafür sorgen, dass sie den Beginn einer Lösung darstellt. Wenn wir lernen, unsere Wut zu kontrollieren, also sie weder zu ignorieren noch sie einfach rauszulassen, kann sie ihre wichtige Funktion voll entfalten.

Genau darum geht es in diesem Buch. Wir werden zunächst unseren vermeintlichen Feind einmal kennenlernen und ihn uns zum Freund machen: Im ersten Hauptkapitel *Mein Name ist Wut: Eine unverstandene Emotion stellt sich vor* werden wir erfahren,

- was Wut genau ist,
- warum wir überhaupt wütend werden und
- welche Folgen die Wut wirklich hat.

Nach diesem ersten Einblick erfahren wir, wie wir den Feuerdrachen in uns selbst zähmen, also unsere eigene Wut, unseren Ärger kontrollieren lernen und mit wutauslösenden Situationen besser umgehen. Nicht zuletzt müssen wir uns aber auch mit den wütenden Menschen in unserer Umgebung auseinandersetzen. Dies ist der Inhalt des zweiten Hauptkapitels, *So werden Sie zum Wut-Entschärfer: Crashkurs.*

Um langfristig einen besseren Umgang mit Wut zu etablieren, müssen wir unsere Haltung negativen Emotionen gegenüber überdenken. Dafür liefert das dritte Hauptkapitel dieses Buches zahlreiche Impulse: *So kontrollieren Sie Ihre Wut langfristig: Vertiefung*. Dazu gehört, die eigene Wut besser zu verstehen, aber auch, die Wahrnehmung zu schärfen und voreilige Bewertungen zu reduzieren.

Allzu oft stolpern wir in wichtige Dialoge völlig unvorbereitet und unkoordiniert hinein und lösen unnötigerweise einen Teufelskreis negativer Emotionen aus. Daher beschäftigen wir uns damit, wie wir in der Begegnung mit anderen Menschen wutauslösende Momente reduzieren können, also wie wir „offener" in Gesprächssituationen gehen, aber auch, wie wir wichtige Gespräche erkennen und besser führen können.

Wut entsteht oft als Ohnmacht oder aber aus Überforderung und Stress. Beides macht uns irgendwie hilflos, lässt uns dünnhäutig werden. Daher geht es in meinem Buch auch darum, sich auf das zu fokussieren, was wir ändern können, was in unserer Kontrolle liegt – und das ist immer noch sehr viel, nicht selten zu viel. Genau darum müssen wir wählerischer sein bei unseren Aktivitäten und Aufgaben, müssen Prioritäten setzen, reduzieren und so manches auch ignorieren.

Am Ende geht alles gut aus, das verspreche ich. Zumindest in diesem Buch, aber – da bin ich zuversichtlich auch bei Ihnen – wir versöhnen uns jedenfalls mit der Wut. Sie ist ein Teil von uns, und manchmal ist es sogar sinnvoll, sie von der Leine zu lassen.

In *Wut ist auch keine Lösung* ist es mir wichtig,

- Ihnen so viel fundierte Hintergrundinfos zum Thema Wut und negative Emotionen zu geben wie nötig,
- den Fokus auf praktische Impulse und Tipps zu legen, mit denen Sie die eigene Wut wirksam kontrollieren und nutzen können, um Ihr Wohlbefinden zu verbessern,
- Ihnen alltagstaugliche Methoden an die Hand zu geben, die es Ihnen ermöglichen, mit der Wut anderer Menschen besser umzugehen,

- Vorschläge zu machen, wie Sie durch relativ einfache Haltungsänderungen die negative Energie der Wut stoppen und die positiven Seiten dieser Emotion nutzen, um Ihr Leben und die Beziehung zu den Menschen, die Ihnen wichtig sind, erfolgreicher zu gestalten,
- wissenschaftlich fundiertes Material aus den verschiedensten Fachdisziplinen anzubieten, das aber gleichzeitig einfach und effektiv in die Praxis umsetzbar ist.

Sind Sie bereit, sich der Wut zu stellen? Dann los!

Herzlichst
Ihr

Dr. Christoph Augner

„MEIN NAME IST WUT" – EINE UNVERSTANDENE EMOTION STELLT SICH VOR

Die Wut hat kein gutes Image. Häufig wird sie ignoriert oder unterdrückt. Wenn sie sich dann doch Gehör verschafft, verstehen wir sie nicht richtig. Wir sehen nicht, was dahintersteht, wo ihre Ursachen liegen. Wir bringen sie nur mit Gewalt und Aggression in Verbindung. In diesem Kapitel wollen wir ganz unvoreingenommen die Wut kennenlernen, ihre negativen Seiten aufdecken, aber auch mehr über ihre Funktion erfahren.

Jeder kann wütend werden, das ist einfach. Aber wütend auf den Richtigen zu sein, im richtigen Maß, zur richtigen Zeit, zum richtigen Zweck und auf die richtige Art, das ist schwer.

Aristoteles

Was ist Wut überhaupt?

Wut im Lauf der Geschichte

Kennen Sie Achilles? Ja, genau, Brad Pitt im Film „Troja“. Und ja, genau, das war der Kerl mit der verwundbaren Ferse. Die griechischen Mythen sind zum Teil etwas verworren und schwierig interpretierbar. Aber die Sache mit Achilles geht in etwa so:

Achilles ist ein fast unverwundbarer Held der Griechen, der aber auch sehr schnell beleidigt ist. Im Trojanischen Krieg überwirft er sich mit dem Anführer der Griechen, Agamemnon. Er schwört, nicht mehr an den Kampfhandlungen teilzunehmen, und schmollt. Die Griechen verlieren Schlacht um Schlacht. Schließlich flehen ihn die Griechen an, wieder mitzukämpfen, er schickt aber nur seinen Freund Patroklos, der schließlich vom trojanischen Helden Hektor getötet wird. Wutentbrannt steigt Achilles mit neuen Waffen wieder in den Krieg ein, metzelt Feinde nieder und tötet schließlich auch Hektor, um seinen Freund zu rächen.

Achilles' Zorn gilt im Mythos aber nicht einfach als banale menschliche Wut, sondern als etwas Göttliches, etwas Positives – trotz der verheerenden Folgen. Das liegt vielleicht an der Ursache der Emotion, tief empfundene Ungerechtigkeit. Vielleicht auch das Gefühl, nur eine Marionette zu sein, ein Opfer des Schicksals, das Gefühl, nicht selbst über das eigene Leben bestimmen zu können. Das ist ein wichtiger Punkt bei der Wut, auf den wir später zurückkommen werden.

Die Geschichte des Achilles übt bis heute eine große Faszination aus. Wir leben in einer Welt eng abgesteckter Handlungsspielräume, bis ins kleinste Detail geregelter bürokratischer Prozesse.

Oft haben wir das Gefühl, nicht nur ohnmächtig zu sein, sondern ungerecht behandelt zu werden. Und dann kommt mit Achilles jemand, der mal auf den Putz haut, der sich nicht alles bieten lässt und die Dinge wieder „richtigstellt". Dass das alles nicht gut ausgeht, ist dabei nicht so bedeutsam.

Spannend ist, dass die griechische Mythologie hier nicht ganz im Einklang steht mit der Bedeutung der Wut im richtigen Leben in der Antike. Im alten Griechenland und im Römischen Reich waren sich die Philosophen weitgehend einig, dass Wut verhindert und kontrolliert werden muss und Ruhe und Mäßigung wichtige Tugenden darstellen.

Insbesondere die philosophische Schule der Stoiker hat sich um die Emotionskontrolle bemüht. Die Stoiker sind der Meinung, dass nichts, was von außen kommt, wirklich schlecht ist. Alles hängt nur von unserer Interpretation ab. Das klingt sehr gut, im normalen Alltag mag das auch ganz gut funktionieren, in Krisensituationen kann es aber schwierig werden. Unfälle, Krankheiten, Unglücke, Ungerechtigkeiten einfach nur als mentale Probleme zu sehen, die gar nicht wirklich da sind, wird schnell zynisch.

Doch die Stoiker sagen: Wut macht uns dumm, sie verengt unsere Wahrnehmung, und das wiederum führt dazu, dass wir schlechte Entscheidungen treffen. Wut ist also nur eine Einstellung, das Produkt unserer Glaubenssätze und Werte.[1]

So meint etwa der römische Philosophenkaiser Marc Aurel, dass Stärke und Tapferkeit wichtige Tugenden sind. Trauer, aber auch Wut sind Zeichen der Schwäche. Diese Überlegungen sind deshalb so wichtig, weil sie Eingang gefunden haben in die moderne Psychotherapie. „Kognitives Umstrukturieren" bedeutet, dass ich ein Ereignis einfach uminterpretiere, sodass es mich nicht mehr wütend macht.

Wut wurde bald „Krankheit der Seele“ gesehen und später im Christentum schließlich als Todsünde. Die antiken Philosophen waren recht besorgt um die Folgen zügelloser Emotionen. Weil insbesondere die Wut das gesamte Staatswesen beeinträchtigen konnte, waren sie so versessen darauf, sie möglichst negativ darzustellen. Damit war die Emotionskontrolle auch ein wichtiges Element sozialer Kontrolle. Wut wurde sehr stark als weibliche Emotion gesehen, als sachlich weitgehend ungerechtfertigte Gemütsregung. Somit waren Frauen nicht vertrauenswürdig und nicht sachlich genug für öffentliche Funktionen.[2]

Das ist ein ganz wichtiger Punkt, auf den sehr viel später unter anderem der Feminismus geantwortet hat. Wut wird demnach nicht mehr nur als negative Emotion, als Symptom für eine nicht funktionierende Emotionskontrolle, sondern als Indiz für das Vorliegen von Ungerechtigkeiten gesehen. Damit kommt der Wut auch ein rationaler Wert zu:[3] Wenn man in diesem Sinne die Wut unterdrückt, akzeptiert man die ungerechte Situation und verschließt die Augen davor.

Wie Emotionen gesehen werden und was man damit Verbindung bringt, ist also sehr stark abhängig davon, in welcher Zeit und in welcher Gesellschaft wir leben, und nicht zuletzt, welche Interessen die Mächtigen verfolgen.

Wut, das lehrt uns die Geschichte, kann verheerende Folgen haben, zerstörerisch sein. Sie hat aber auch eine wichtige Funktion: Sie kann dazu führen, dass wir gegen Ungerechtigkeit, Ohnmacht und Kontrollverlust aktiv werden.

Wut psychologisch gesehen

Vielleicht kennen Sie die US-amerikanische TV-Serie „Scandal“. Wenn nicht, kein Problem, der Inhalt ist schnell erklärt. Im politischen Machtzentrum von Washington ist eine ehemalige Beraterin des US-Präsidenten damit beschäftigt, Kriminelle aus der Oberschicht von ihren juristischen Problemen zu befreien. Da werden die Spuren von Affären verwischt oder auch Morde vertuscht. Wenn man die Handlungsabläufe analysiert, bestehen die Episoden zu etwa der Hälfte daraus, dass Menschen miteinander schlafen, und zur anderen Hälfte daraus, dass sie sich wütend anschreien. Kaum vorstellbar, wie das im normalen Alltag aussehen könnte. Jedenfalls würde man sie nicht – wie in der Serie – als Helden sehen. Wer seine Emotionen gar nicht unter Kontrolle hat, wer von einem Wutanfall zum nächsten wankt, wird es schwer haben, nachhaltige Beziehungen zu anderen Menschen aufzubauen.

Und so haben Psychologinnen und Psychologen die Tradition der Stoiker weitgehend fortgeschrieben und Wut als einen unerwünschten Zustand definiert. In Sigmund Freuds Psychoanalyse ist die Wut das Resultat unserer aggressiven Grundtriebe, die der Mensch natürlicherweise einfach hat. Das heißt, hier geht es darum, sie auf möglichst harmlose Weise umzulenken. Wut könnte etwa im Sport abgebaut werden.

Neuere Theorien sehen in der Wut die Folge von Frustrationen und Kränkungen. Wird der Selbstwert tatsächlich oder gefühlt immer wieder verletzt, wird ein Mensch wütend. Eine weitere Erklärung geht davon aus, dass Wut genauso gelernt wird wie alles andere. Das heißt, dass man möglicherweise schon als Kind lernt, in welchen Situationen man wie reagiert – und in manchen Situationen reagiert man eben wütend.

Wir kennen jetzt ein paar Ideen, welche Ursachen Wut haben kann. Gehen wir noch ein wenig tiefer. Was ist Wut genau? Grundsätzlich geht man in den Verhaltenswissenschaften davon aus, dass es so etwas wie Grundemotionen gibt, also Emotionen, die in allen Kulturen, zu allen Zeiten in etwa gleich erlebt und ausgedrückt werden (wir haben oben gesehen, dass Historiker das etwas anders sehen. Aus ihrer Sicht sind Emotionen immer kulturabhängig!). Der Psychologe Paul Ekman hat festgestellt, dass diese Emotionen kulturübergreifend erkannt werden: Freude, Ekel, Furcht, Verachtung, Traurigkeit, Überraschung – und eben die Wut.[4]

Wie wird man jetzt wütend? Denken wir zurück an das Beispiel, als mich die nicht ganz so freundliche Autofahrerin beinahe zweimal überfahren hätte. Die Psychologie sagt über solche Situationen: Okay, es gibt Menschen, die nehmen die Dinge rund um sich schnell mal negativ als Provokation oder Ähnliches wahr. Das ist eine Persönlichkeitseigenschaft, die man Feindseligkeit nennt (der Gegenpol ist Verträglichkeit, da kommt man mit anderen recht gut aus). Sie ist vielleicht angeboren, vielleicht durch negative Vorerfahrungen geprägt, wahrscheinlich beides. Feindseligere Menschen misstrauen anderen Menschen eher, sind zynisch – und werden auch leichter wütend.

Nehmen wir an, ich bin ein eher feindseliger Mensch und unterstelle der Autofahrerin gleich mal Absicht oder Dummheit oder beides. Das führt dazu, dass ich aggressiv werde, die Frau anschreie, beleidige, was auch immer. Entscheidend ist dieser gedankliche Prozess, der aus meiner Persönlichkeitseigenschaft folgt. Wenn ich weniger feindselig wäre, würde ich mir vielleicht denken: Die Frau hatte sicher einen anstrengenden Tag, daher ist sie nicht konzentriert, das geht mir auch manchmal so, also kein Grund, sich aufzuregen, ist ja nichts passiert. Und ich werde gar nicht aggressiv, sondern lasse mir die Laune nicht verderben.[5]

Die Neuropsychologie geht noch einen Schritt weiter. Sie sagt: Meine Wut liegt nicht nur an mir, an meinen Bewertungsprozessen, sondern daran, wie emotionale Reize von außen in meinem Gehirn verarbeitet werden. Wut ist demzufolge die Folge von physiologischen Prozessen im Gehirn, die – so könnte man interpretieren – ein bisschen aus dem Ruder gelaufen sind. Wut als Hirndefekt sozusagen. Bildgebende Verfahren haben jedenfalls gezeigt, dass emotionales „Material" zu Aktivierungen in jenen Gehirnarealen führt, die auch für Gedächtnis und Sprache zuständig sind. Bei Menschen, die sehr häufig wütend werden und wegen Kleinigkeiten ausflippen, wurden tatsächlich auch Veränderungen in diesen Gehirnregionen gefunden.

Das erklärt möglicherweise auch, dass besonders feindselige Menschen Schwierigkeiten haben, ihre Impulse zu kontrollieren, und Defizite in ihrer Leistungs- und Konzentrationsfähigkeit haben. Dass man bei einem Wutanfall nicht mehr klar denken kann, ist also keine Einbildung! Alle Emotionen werden in den gleichen Gehirnarealen verarbeitet. Daher ist es nur logisch, dass „Wutprobleme" auch mit anderen negativen Emotionen verbunden sind, wie etwa mit überdurchschnittlicher Angst.[6]

Auch wenn man gut erklären kann, wo Wut im Gehirn entsteht und warum sie auch auf andere Faktoren unseres Erlebens und Verhaltens Auswirkungen hat, zeigt sie sich doch recht unterschiedlich. Klassisch stellt man sich das so vor, dass jemand herumschreit, also, dass jemand alles rauslässt. Das muss nicht sein. Viele Menschen zeigen ihre Wut nicht, sondern tragen ihren Groll und ihre negativen Emotionen mit sich herum. Die Wut bleibt unsichtbar.

Ob das besser oder schlechter ist, als die Wut rauszulassen, kann man nicht eindeutig sagen. Es hängt wohl von der konkreten Situation ab. Schreie ich einen wildfremden Menschen an, hat das wahrscheinlich kaum nachhaltige Konsequenzen (es sei denn, ich werde von ihm verprügelt). Tue ich das bei einer geliebten Person, nimmt die Beziehung Schaden, ein nachhaltig negativer Effekt kann die Folge sein. Meistens agieren wir aber umgekehrt: Wir wahren den Schein gegenüber der fremden Person und lassen bei nahestehenden Personen alles raus – oft auch ohne dass die etwas dafürkönnen.

Wir haben jetzt drei sehr wichtige Dinge gehört, die uns noch beschäftigen werden:

1. Wut kann man rauslassen
Der Klassiker: den anderen anschreien, beleidigen, aggressiv werden. Angeblich soll das entspannen und verhindern, dass wir implodieren. Allerdings hat das auch negative Konsequenzen für unsere Beziehungen. Wer ist schon gern mit einem Choleriker befreundet?

2. Wut kann man unterdrücken
Man sieht also von außen nicht, dass die Person wütend ist. So gesund kann das aber auch nicht sein. Bei einer Studie mit Pflegepersonal konnte gezeigt werden, dass Mitarbeiter, die Wut immer in sich hineinfressen, eher einen Burnout bekommen und eine geringe Arbeitszufriedenheit aufweisen.[7]

3. Wut ist die Folge mangelnder Impulskontrolle
Kontrolle bedeutet nicht unbedingt Unterdrückung, sondern z. B. Verschiebung auf einen späteren Zeitpunkt (etwa durch Abreagieren im Sport), Versachlichung und konstruktives Austragen eines

Konflikts. Kann ich das nicht, neige ich zu 1. oder 2. Das hat negative Folgen für die mentale Gesundheit. In der Studie mit dem Pflegepersonal konnte gezeigt werden, dass Mitarbeiter, die Wut besser kontrollieren können, eine höhere Arbeitszufriedenheit hatten und mit geringerer Wahrscheinlichkeit einen Burnout erleiden.

Wut und Persönlichkeit

Ich möchte nun etwas genauer betrachten, nämlich welche Rolle die Persönlichkeit bei unserer Wut spielt. Unabhängig von unserer Persönlichkeit muss man davon ausgehen, dass jeder Mensch Wut empfinden und artikulieren kann. Dennoch scheint es in der Art und Weise, wie Wut geäußert wird, aber auch in der Häufigkeit und in der Tiefe deutliche Unterschiede zwischen den Menschen zu geben.

Psychologen sprechen in diesem Zusammenhang von *state anger* (Wut als aktueller Zustand), *trait anger* (Charaktereigenschaft Wut) und Wutausdruck (also wie man seine Wut zeigt – die Grundausprägungen haben wir bereits kennengelernt). Im Zusammenhang mit der Persönlichkeit interessiert uns insbesondere die Charaktereigenschaft der Wut. Hier geht man davon aus, dass eine gewisse „Wutanfälligkeit" Teil einer relativ stabilen Persönlichkeitsausprägung ist. Also, dass manche Menschen anfälliger für Wut sind als andere. Das kann sich so äußern, dass diese Menschen häufiger und/oder intensiver und/oder länger anhaltend Wut erleben (und vielleicht auch ausleben).[8] Das lässt sich beispielsweise dadurch erheben, indem man Menschen mittels Fragebogen zu ihrem Wut-Erleben befragt.

Schön und gut, aber was die Psychologen da sagen, wissen wir ja schon weitgehend aus unserem ganz normalen Alltag. Für uns in diesem Buch ist aber wichtig zu sehen, was Menschen mit hoher „Wutanfälligkeit" falsch machen im Vergleich zu jenen, bei denen diese Anfälligkeit sehr gering ausfällt.

Der Psychologe Benjamin Wilkowski von der Universität Wyoming fasst das sehr schön zusammen.[9] Er sagt, es gibt drei gedankliche Prozesse, die „Wutanfälligkeit" charakterisieren. Erstens besteht eine automatische Tendenz, negative bzw. feindselige Eigenschaften bei anderen Menschen zu sehen. Das heißt, man tendiert eher dazu, Handlungen von anderen als Angriff zu sehen (auch wenn es gar nicht so gemeint war). Umgekehrt schaffen es Menschen, die weniger „wutanfällig" sind, die Handlungen anderer positiver zu bewerten bzw. zumindest in geringem Ausmaß als Angriff zu erleben.

Der zweite gedankliche Prozess betrifft das häufige Grübeln über Situationen oder Handlungen, die mit negativen bzw. feindseligen Gedanken verbunden sind. Das führt dazu, dass die negativen Emotionen länger und intensiver anhalten. Umgekehrt schaffen es wiederum Menschen mit niedrigerer Wutanfälligkeit, mit relativ wenigen feindseligen Gedanken auszukommen.

Der dritte gedankliche Prozess betrifft die Beobachtung, dass Menschen mit niedrigerer Wutanfälligkeit sehr viel gedanklichen Aufwand betreiben, um ihre feindseligen Einstellungen und Impulse zu kontrollieren, also z. B. abzumildern, indem alternative Erklärungen gefunden werden. Dieser Filterprozess scheint bei den Wutanfälligeren zu fehlen. Gerade dieser letzte Punkt ist für uns in diesem Buch sehr wesentlich, weil wir auch mit den Tricks arbeiten wollen, die Menschen nutzen, die mit ihrer Wut besonders geschickt umgehen.

Wenn wir aufgrund unserer Persönlichkeit anfälliger für das Erleben von Ärger und Wut sind, hat das auch körperliche Effekte, die wiederum handfeste Auswirkungen auf unsere Gesundheit haben. Über beides werden wir noch sprechen.

Doch eine hohe Ausprägung von Wutanfälligkeit bedeutet nicht automatisch, dass jemand eine schlechte Person oder irgendwie charakterschwach wäre. Es ist eine Persönlichkeitseigenschaft, die auch mit positiven Merkmalen in Verbindung steht. Das ist insofern logisch, als dass diese feindseligen Gedanken, von denen wir die ganze Zeit sprechen, ja auch durchaus realistisch sein können. Dass andere Personen es tatsächlich nicht gut mit uns meinen und uns daher ärgern oder wütend machen. Insofern ist diese Form des Denkens vielleicht nicht schön, aber realistischer als bei jenen, die sich immer alles schönreden und die negativen Absichten anderer einfach ausblenden.

Zunächst ist einmal wichtig: Wut ist eine Emotion, die sich auf etwas oder jemanden bezieht. Es besteht also eine Verbindung zu jemand anderem (der mich z. B. durch sein Verhalten wütend macht) oder etwas anderem (z. B. ein Ereignis, dass wir als negativ erleben, das uns also nicht egal ist). Das unterscheidet die Wut deutlich von anderen negativen Emotionen wie z. B. Angst, die eher dazu führt, dass wir ausweichen und vermeiden, oder negative Stimmungslagen, beispielsweise depressive Verstimmungen, die dazu führen, dass wir uns eher verschließen.

Dadurch, dass diese Verbindung nach außen besteht, hat die Wut positive Potenziale. Das heißt, wir können annehmen, dass Menschen mit höherer Wutanfälligkeit auch positive Eigenschaften haben, die im Alltagsleben sehr hilfreich sein können.

Die Wissenschaft zeigt, dass das tatsächlich so ist.[10] Wütende Menschen tendieren bei Entscheidungen unter Unsicherheit zu riskanteren Entscheidungen und sind optimistischer über ihren Ausgang. Dies ganz im Gegenteil zu eher ängstlichen Personen, die Risiken eher vermeiden und sehr pessimistisch bezüglich der Resultate sind. Damit sind die Risikoentscheidungen bei wütenden Menschen sehr ähnlich zu jenen von Menschen, die glücklich sind! Das liegt womöglich daran, dass Menschen mit höherer Wutanfälligkeit dazu tendieren, die Kontrolle für Ereignisse eher bei sich selbst zu sehen – damit scheint das eigene Leben auch besser steuerbar.

Wütende sind nicht nur tendenziell optimistischer und risikofreudiger, sie scheinen auch weniger tolerant zu sein, was die Einschränkung ihrer persönlichen Freiheiten und damit auch ihrer wahrgenommenen Kontrollmöglichkeiten angeht. So zeigte sich in einer Studie,[11] dass für Menschen, die wutanfälliger sind, auch Autonomie und Freiheit von der Kontrolle durch andere besonders wichtig sind.

Möglicherweise resultiert die Wut da auch ein bisschen daraus, dass sie sich schneller in ihrer Freiheit eingeschränkt fühlen und sehr sensibel darauf reagieren. Manchmal wird unterstellt, dass Wütende eher einsam und allein sind. Das hat aber auch damit zu tun, dass sie eine gewisse Präferenz für das Alleinsein haben – zumindest im Vergleich zu Personen, die weniger wutanfällig sind.

Fassen wir kurz zusammen: Menschen, die wutanfälliger sind, tendieren also auch dazu, optimistischer zu sein und riskantere Entscheidungen zu treffen (das kann sowohl gut als auch schlecht sein, je nach Situation). Dazu ist es ihnen eher wichtig, die Kontrolle zu über ihr Leben zu haben, und sie haben eher das Gefühl, dass das auch tatsächlich so ist. Da ist es logisch, dass sie auch individuelle Freiheit und Autonomie für sehr wichtig halten und allergisch reagieren, wenn jemand versucht, diese Freiheit einzuschränken.

Das heißt, sie möchten und können Entscheidungen in ihrem Leben selbst treffen und weniger abhängig von anderen sein. Sie haben womöglich die Erfahrung gemacht, dass ihre Handlungen einen Unterschied machen, und erleben sich als selbstwirksam. Wenn wir davon ausgehen (ich tue das aus gutem Grund), dass wir in einer Welt leben, in der soziale Kontrolle in vielen, wenn nicht in allen Lebensbereichen eine immer größere Rolle spielt, so kann man daraus schlussfolgern, dass diese individualistischen Präferenzen, dieses „Nicht-herumgeschubst-werden-Wollen", schwer unter Druck kommt und damit auch die wutanfälligen Anteile der Persönlichkeit fördert.

Das bedeutet Folgendes:

- Das stereotype Bild vom wütenden Choleriker ist also sehr einseitig. Wer Wut öfter erlebt, ist noch kein schlechter oder charakterschwacher Mensch. Viele Vorurteile dazu sind falsch, daher ist es Zeit, sich möglichst unvoreingenommen mit dem Thema zu beschäftigen.
- Für diese Überlegungen wird es auch relevant sein, sich insbesondere damit auseinanderzusetzen, wie wir auch unter schwierigen Bedingungen, in Situationen, wo unsere Umwelt uns Dinge aufdrängt, in der Lage bleiben, autonom und wirksam zu denken und zu handeln.

Wut physiologisch gesehen

Seele und Körper existieren nicht getrennt voneinander, sondern bedingen sich wechselseitig. Mentale Zustände lassen sich physiologisch „zurückverfolgen" und analysieren. Auch die Wut hinterlässt in physiologischen Prozessen ihre Spuren.

Immer, wenn es um unsere Psyche geht, spielt das Gehirn dabei die zentrale Rolle. Eine besondere Stärke des menschlichen Gehirns ist es, dass die verschiedenen Teilbereiche so gut miteinander vernetzt sind. Dennoch lassen sich die verschiedenen Funktionen auf bestimmte Gehirnareale zurückführen. Bei der Wut spielt der sogenannte Mandelkern, die Amygdala, eine zentrale Rolle.

Die Amygdala ist grundsätzlich in die Verarbeitung von Emotionen eingebunden. Sie ist über Nervenzellen sehr stark mit anderen Gehirnteilen vernetzt. Werden nun Reize innerhalb (z. B. Schmerzen) oder außerhalb des Körpers (z. B. ein Angreifer) als bedrohlich bzw. gefährlich eingestuft, liegt das an der Amygdala. Sie kann die Wahrnehmung einer konkreten Situation mit emotionalen Gedächtnisinhalten verknüpfen und uns damit signalisieren, ob wir in Gefahr sind. Je nach Inhalt entsteht dabei in uns das Gefühl von Angst oder eben auch Wut.

Macht uns eine Situation wütend, bedeutet das, dass von der Amygdala aus mithilfe von Botenstoffen (Neurotransmittern) eine Kaskade von Prozessen in Gang gesetzt wird, die bewirken, dass Stresshormone ausgeschüttet werden, sich der Blutdruck erhöht und der Puls steigt. Das heißt, wir wechseln in den Kampf- bzw. Fluchtmodus. Wir sind dadurch kurze Zeit besonders leistungsfähig, ein Urinstinkt, der unseren Vorfahren möglicherweise in vielen gefährlichen Situationen das Leben gerettet hat. Durch diese

Prozesse passiert aber noch etwas Wichtiges: Unsere Aufmerksamkeit wird stark eingeengt, wir nehmen außer unserem „Wut-Ziel" fast nichts mehr wahr.[12]

Neuronale und physiologische Ressourcen werden in unserem Körper so priorisiert, dass wir nicht mehr ein Gesamtbild sehen, sondern nur noch eine sehr limitierte Perspektive. Aus Studien weiß man, dass dadurch systematische Fehler in unserem Denken entstehen. Neutrale Reize werden eher ablehnend beurteilt und es entsteht eher Vermeidungsverhalten. In einem Experiment sollten die Teilnehmer sinnvolle von sinnlosen Wörtern unterscheiden. Wurde davor unterschwellig das Wort „Wut" präsentiert, verlangsamten sich die Entscheidungen der Teilnehmer.[13]

Das alles macht in einer Kampfsituation, in der es vielleicht um das Überleben geht, Sinn: Wir konzentrieren uns nur auf unseren Gegner und blenden alles um uns herum aus. In der modernen Welt sind diese klassischen Bedrohungssituationen weniger geworden, daher ist es manchmal schwierig, mit den Mechanismen, die dennoch bei uns noch weitgehend unverändert ablaufen, umzugehen.

Die Einengung der Wahrnehmung und der Aufmerksamkeit war sehr sinnvoll, wenn unsere Vorfahren gerade mit einem Mammut kämpfen mussten. Doch heutzutage kommt das sehr selten vor, daher wird dieser Prozess zu einem Problem. Wer gerade wütend ist, sieht die Realität nicht mehr so, wie sie ist, sondern aus einer extrem eingeschränkten Perspektive. Jemand, der gerade wütend ist, ist Argumenten nur sehr schwer zugänglich – das wissen wir alle aus Erfahrung.

Es dauert auch nach einem klassischen Wutanfall relativ lange, bis man wieder „runterkommt“. Wut initiiert einen körperlichen Erregungszustand, der sehr schnell wiederkommen und wieder aktiviert werden kann: Für den nächsten Wutanfall reicht ein sehr viel harmloserer Reiz.

Wutauslösende Situationen werden im Gehirn so schnell verarbeitet, dass die ersten Schritte zur Entstehung von Wut unbewusst erfolgen. Dennoch sind wir unseren negativen Emotionen nicht einfach hilflos ausgeliefert. Wir haben die Möglichkeit, ihnen entgegenzuwirken, sie zu kontrollieren. Dazu ist in unserem Gehirn ein weiterer Bereich zuständig: der präfrontale Cortex. Hier ist die Planung, die gedankliche Kontrolle und Steuerung zu Hause. Der präfrontale Cortex kann „schauen“, dass die Wut nicht aus dem Ruder läuft, dass sie abgemildert, im besten Fall konstruktiv genützt wird. Anatomisch gesehen setzen wir mit Überlegungen, die wir in diesem Buch besprechen, hier an.

Wir haben jetzt einiges darüber gehört, wie Wut historisch gesehen wurde, was Psychologen unter Wut verstehen und wie Wut im Körper entsteht und wirksam wird. Im nächsten Abschnitt geht es darum herauszufinden, *warum* wir überhaupt wütend werden.

ZUSAMMENFASSUNG

Wut hat eine lange Geschichte, die vor allem zwei Aspekte sichtbar macht, die für uns in der Gegenwart ebenfalls wichtig sind:

Wut wurde – aufgrund der negativen Folgen dieser Emotion – vielfach als Charakterschwäche gesehen, als Indiz fehlender Kontrolle und fehlender Tugenden. In der Mythologie begegnet uns die Wut auch in positiver getönter Form, im Sinne von: „Da ist ein Held, der auf Ungerechtigkeit reagieren muss.“

Bei den Psychologen ist die Wut einfach eine Grundemotion, die jeder auf der Welt kennt – gleichgültig, in welcher Kultur er zu Hause ist. Wie Menschen Wut zeigen, ist recht unterschiedlich und hat Folgen für die Person selbst, aber auch für ihre Umgebung.

Die Wut lässt sich, wie alle anderen mentalen Zustände, physiologisch analysieren. Sie ist in der Lage, starke körperliche Reaktionen auszulösen, die uns kurzfristig schützen sollen, aber langfristig schaden können.

Warum werden wir wütend?

Ursachen der Wut

Wenn cholerische Menschen wütend werden, wird das oft gar nicht mehr so ernst genommen, man schiebt es auf die Persönlichkeit, auf Charaktermängel. Damit bleiben die wahren Ursachen der Wutanfälle verdeckt. Viel klarer treten diese Ursachen hervor, wenn Menschen ausrasten, die normalerweise viel ruhiger sind. Vielleicht erinnern Sie sich an den Fußballtrainer Rudi Völler, ein besonnener Mann, der nach einem schwachen Auftritt seiner Mannschaft nicht mehr ganz so gut drauf war. Als er die seiner Meinung nach ungerechtfertigten Kommentare der sogenannten Experten hörte, holte er zum Rundumschlag aus. Das Interview ist Fernsehgeschichte. Man kann nachempfinden, dass sich Völler ungerecht behandelt fühlte und wütend wurde.

Doch bleiben wir beim wirklichen Leben abseits von Profisportlern und Prominenten. Blicken wir in den ganz normalen Wahnsinn der Alltagsheldinnen, deren Namen die Öffentlichkeit nicht kennt.

Sabine ist 38 Jahre alt, hat drei Kinder zwischen drei und neun Jahren und ist, nun ja, glücklich verheiratet. Ihr Mann ist das, was man eine „gute Partie" nennt. Bankmanager, zweite Führungsebene, sehr gutes Gehalt, aber eben auch kaum zu Hause. Sabine ist Akademikerin, sie hat ihren Vollzeitjob wegen der Kinder aufgegeben und arbeitet jetzt an zwei Tagen die Woche für eine Eventmanagement-Firma.

Es nagt an ihr, dass die jungen Kolleginnen karrieremäßig mittlerweile an ihr vorbeiziehen. Doch so richtig Zeit, darüber nachzudenken, hat sie eigentlich gar nicht. Sie ist die Organisatorin der Familie. Weckt die

Kinder morgens, macht Frühstück, bereitet die Pausenbrote vor, packt alles ein, zieht den Kleinen an, treibt die Älteren an, damit sie nicht zu spät kommen, bringt alle in Kindergarten und Schule, dann Einkaufen, Haushalt usw. Hilfe hat sie wenig. Zweimal in der Woche holt eine Leih-Oma die Kinder ab, damit Sabine arbeiten gehen „darf".

Dann ist der erste Kindergeburtstag des Jahres, der Große lädt die halbe Klasse ein. Wer bereitet alles vor? Natürlich Sabine. Sie hetzt von der Arbeit, schmückt die Wohnung, deckt den Tisch, kümmert sich um das Programm und ist gerade fertig, als sie schweißgebadet dem ersten Gast die Tür öffnet. Als alles vorbei ist, würde sie sich am liebsten auf Sofa legen, sie könnte sofort einschlafen. Doch dann kommt ihr Mann heim. „Wie sieht es hier denn aus? Ist das Essen noch gar nicht fertig?", fragt er naiv.

Sabine spürt noch, wie ihr Puls zu rasen beginnt, dann scheint alles aus ihr herauszuexplodieren. „Hast du irgendeine Ahnung, was ich hier mache?", schreit sie ihren Mann an. Der will noch etwas sagen, aber dafür ist es jetzt zu spät. Der Zeitpunkt, an dem noch ein Gespräch möglich gewesen wäre, ist vorbei. Alles muss raus – jetzt! „Ich bin hier Eventmanagerin, Putzfrau, Köchin und Kellnerin in einem! Wo bist du eigentlich den ganzen Tag? Du Traummann!"

Ihr Mann setzt ein paar Mal zum Reden an und macht beschwichtigende Gesten – erfolglos. Sabine legt erst so richtig los „Du kannst dir dein Essen sonst wo hinschieben." Sie hält noch ein Glas in der Hand, das sie vor Wut einfach zerdrückt, die Scherben fallen auf den Boden.

Nun, seine engsten Familienmitglieder zu beleidigen, ist sicherlich nicht fein. Aber das eigentliche Problem rührt daher, dass Sabine sich *immer* zusammenreißt. Viele Frauen mit den verschiedensten Rollenaufgaben machen immer weiter, es bleibt ihnen ja nichts anderes übrig. Dabei ist es oft gar nicht die viele Arbeit an sich, die zu einem solchen Wutausbruch führen kann.

Klar, alles organisieren ist schwierig, Sabine mit den drei Kindern und wenig sozialer Unterstützung hat praktisch nie frei. Doch was das Fass zum Überlaufen bringt, ist die mangelnde Wertschätzung. Das Gefühl, das es niemanden interessiert, was sie leistet. Die Kränkung, die durch die nicht vorhandene Anerkennung entsteht. Im Gegenteil: Unsere Welt sieht „Familienarbeit" als minderwertig an, als etwas, das nebenbei läuft. Die „richtige" Arbeit ist ja in der Firma. Es ist kaum auszuhalten, wie falsch diese Annahme ist, und so platzt Sabine der Kragen.

Es wirkt so, als wäre das alles ohne Vorankündigung gekommen, aber es war eher so, dass die Warnzeichen ignoriert wurden. Sabine ging davon aus, dass ihr Mann die subtilen Zeichen erkennt. „Viel ist es schon", sagt sie manchmal am Abend – anstatt klar zu sagen, dass sie mehr Hilfe braucht. Dass man vielleicht eine Haushaltshilfe einstellen sollte, dass die Leih-Oma öfter kommen muss, dass auch ihr Mann die Kinder mal in den Kindergarten bringen muss. Umgekehrt gießen flapsige Bemerkungen des Partners über „das bisschen Haushalt" und andere abwertende Aussagen Öl in ein beginnendes Feuer, aus dem schließlich unversehens ein Großbrand wird.

Wenn wir Sabines Situation ansehen, dann kann man daraus durchaus Rückschlüsse ziehen auf die gängigsten Ursachen für Wut:

Ungerechtigkeit. Eine der häufigsten Ursachen für Wut und Ärger ist das Gefühl, ungerecht behandelt zu werden. Sabine hat in unserem Beispiel das Empfinden, dass es ungerecht ist, dass sie alles zu Hause tun muss, während ihr Mann fast gar nichts macht.

Enttäusche Erwartungen. Ob gerechtfertigt oder nicht – wenn wir damit rechnen, dass wir z. B. für etwas belohnt werden, was wir geleistet haben, und diese Belohnung dann nicht eintritt, sind wir enttäuscht. Sabine hatte gehofft, dass ihr Mann beim Heimkommen fragt, wie es gelaufen ist, ihr Arbeit abnimmt usw.

Kontrollverlust. Wenn man Menschen keine Entscheidungsmöglichkeiten lässt, ihnen alles vorgibt und sie das Gefühl haben, herumgeschubst zu werden, fühlen sie sich ohnmächtig. Die eigene Ohnmacht ist schwer zu ertragen und führt nicht selten zu Wutgefühlen. Sabine hat das Gefühl, dass ihr Leben nur noch aus Verpflichtungen besteht, kein eigenes Leben mehr zu haben. Sie sieht aber keinen Ausweg, daran etwas zu ändern. Wut entsteht.

Kränkung. Der eigene Selbstwert braucht immer wieder Pflege und Bestätigung. Wir wollen das Gefühl haben, wichtig zu sein, etwas zu leisten. Werden wir zurückgewiesen, sind wir gekränkt. Sabine hat das Gefühl, dass ihr „Haushaltskram" ohnehin nichts wert ist und vom Ehemann abgewertet wird.

Angriffe auf unsere Würde. Ein Punkt, dessen Rolle für die Entstehung von Wut am meisten unterschätzt wird, ist die Würde. Würde beschreibt, dass der Mensch an sich einen Wert hat, unabhängig von seinen Leistungen und seinem Status. Wenn uns ein gelieb-

ter Mensch enttäuscht, wir von ihm ungerecht behandelt werden oder er uns herabsetzt, sind wir gekränkt. Unsere Würde verlieren wir aber nicht durch die Handlungen einzelner Personen, sondern eher durch eine Art des Lebensstils, der in unserer modernen Welt immer präsenter wird (dazu später mehr).

Das alles können Ursachen für unsere Wutgefühle sein. Hier erfüllt die Wut aber eben auch wichtige Funktionen, hier kann sie uns auf etwas hinweisen, was schiefläuft, hier können wir aus ihr sogar positiven Nutzen ziehen.

Funktionen der Wut

Wenn Sie die Ursachen der Wut kennen – bei sich und anderen –, können Sie besser darauf reagieren. Wir haben vorhin schon gehört, dass es nicht darum geht, negative Gefühle einfach hinunterzuschlucken. Wenn wir über Kontrolle der Wut sprechen, dann so, dass wir konstruktiv mit negativen Gefühlen umgehen, dass wir sie nutzen zur Weiterentwicklung unserer selbst oder unserer Beziehungen mit anderen Menschen. Das heißt: Wir gehen davon aus, dass Wut nicht einfach umsonst oder nutzlos ist, sondern dass sie uns etwas sagen möchte.

Wut setzt eine körperliche Reaktion in Gang. Der Puls steigt, Stresshormone werden ausgeschüttet, der Körper in den Kampfmodus gebracht. Das ist von außen klar erkennbar. Jemand läuft rot an vor Wut, wirkt aggressiv. Evolutionspsychologen vermuten, dass der Sinn dieser Emotion aber gerade darin liegt, dass sie Gewalt in den meisten Fällen unterbindet. Denn Wut ist auch eine Form von Dominanzgehabe und schreckt ab. Der andere weicht zurück – es kommt nicht zur gewaltsamen Auseinandersetzung.

Wut kann zu Gewalt führen, begrenzt sie aber auch.[14] Die Führungskraft, die im Büro herumschreit, hat in dieser Situation oft gar nicht mit Widerstand zu rechnen. Die Mitarbeiter werden sich eher einen anderen Moment aussuchen, um ihre Bedenken über eine Entscheidung mitzuteilen.

Wut hat aber noch eine weitere Funktion. Sie signalisiert uns, dass jemand eine Grenze überschreitet, unsere Würde verletzt oder wir bzw. andere ungerecht behandelt werden. Sie ist ein Signal, dass hier eine Veränderung der Situation erforderlich ist. Denken wir an den Feminismus oder die Rassendiskriminierung. Die Wut hat in diesen Bewegungen auch einen rationalen Wert. Viele Menschen ziehen daraus die Motivation, um gegen ungerechte Zustände vorzugehen.

Wut zeigt uns auch: Hier müssen wir etwas richtigstellen, denn so wie es ist, ist es nicht gut. Viele Menschen, die wie Sabine einen Wutanfall bekommen, haben danach Schuldgefühle. Sie denken: Etwas stimmt nicht mit mir, was ist nur mit mir los? Sicher ist es gut, über den eigenen Umgang mit der Wut nachzudenken (dazu kommen wir später noch ausführlich), doch wichtig ist es auch nachzuspüren, warum es überhaupt zu dem Wutausbruch gekommen ist. Wichtige Fragen dazu sind folgende:

- Was stimmt hier nicht?
- Was hat mich gekränkt und/oder belastet?
- Was ist hier tatsächlich ungerecht?

Ich habe vorhin bereits angesprochen, dass die Wut auch etwas damit zu tun haben kann, dass unsere Würde angegriffen wird. Ich habe gesagt, dass das nicht mehr nur etwas Persönliches ist, sondern dass es viel mit dem Lifestyle zu tun hat, den wir in unserer Konsumgesellschaft pflegen.

In meinem Buch „Selbstoptimierung ist auch keine Lösung" habe ich darüber geschrieben, dass wir in einer Optimierungskultur leben.[15] Die Marketingwelt gaukelt uns vor, dass wir alles haben können, was wir wollen – und das immer. Perfekte Partner, perfekte Kinder, perfektes Zuhause, perfektes Leben, meist mithilfe von Produkten und Dienstleistungen, die zum Teil Zauberkräfte zu haben scheinen.

Mineralwasser war früher zum Trinken da. Heute ist es die Quelle vitaler Lebenskraft, der Grund für eine tolle Figur und schöne Kinder. Reinigungsmittel machen nicht nur sauber, sondern können laut Werbung sogar die Qualität von Liebesbeziehungen verbessern. Wer sich bei einer Firma um einen Job bewirbt, verkaufte früher seine Arbeitsleistung gegen pünktliche Bezahlung. Heute hilft ihm die Arbeit, seine Potenziale zu entfalten und die Persönlichkeit zu entwickeln. Und ist es nicht seltsam, dass Autos in Werbeclips immer auf leeren Straßen fahren und von lachenden, entspannten Menschen gelenkt werden? Die haben ja auch gut lachen: Da sie nie im Stau stehen, werden sie sicher nie wütend.

Wir wissen eigentlich, dass es diese Welt so gar nicht gibt, aber irgendwie vertrauen wir trotzdem darauf. Wir möchten alles richtig machen. Indem wir unsere Körperfunktionen überwachen, das Richtige essen und den richtigen Sport machen, können wir verhindern, krank zu werden. Gleichzeitig scheint immer schon im Vorhinein klar zu sein, was richtig ist. Was gesund ist, wie man leben soll, was als erfolgreich gilt – überall lassen wir lieber Experten ran, die wissen Bescheid. Technische Geräte nehmen uns die kleinsten Entscheidungen ab, Online-Formulare mit vorgefertigten Antworten pflastern in jeder Lebenslage unseren Weg.

Was hat das alles mit Wut zu tun? Sehr viel!

- Wut entsteht, weil Erwartungen nicht erfüllt werden können. Wir haben die Ansprüche an unser kleines Leben so nach oben geschraubt, dass wir von der Realität bestraft werden müssen. Es gibt kein perfektes Leben, unsere innere Lebensqualität lässt sich nicht durch Produkte und Dienstleistungen verbessern. Es gibt keine perfekten Partner, keine perfekten Kinder. Beziehungen, Freundschaften, Familie – das alles bedeutet lebenslange harte Arbeit. Wir müssen verstehen: Das ist okay!
- Dieser Lebensstil verletzt unsere Würde. Menschen streben vom ersten Tag ihres Lebens nach Autonomie, sie wollen unabhängig sein und frei ihre Entscheidungen treffen. Kleine Kinder bekommen Wutanfälle, weil sie man füttert, obwohl sie es aus ihrer Sicht schon selbst könnten. „Selber machen!“, brüllen sie dann. Uns Erwachsenen geht das aber zu langsam oder wir wollen nicht das ganze Geklecker wieder aufwischen. Wir können es besser, daher machen wir es. Doch im Leben geht es eben nicht darum, dass es immer der macht, der es am besten kann. Es geht darum, dass man selber entscheidet, es selber macht, dass man auf eigenen Füßen steht. Das ist Würde! Wenn wir überall nur mehr vorgefertigte Antworten bekommen, wenn uns andere sagen, was wir am besten kaufen, essen, wie wir leben sollen, ist das zwar komfortabel und sicher. Aber was machen *wir* dann eigentlich noch? Worin besteht unser Leben dann? Wir möchten als Erwachsene nicht wie Kinder behandelt werden, nicht herumgeschubst werden, sondern möglichst autonom leben!

Viel von der Wut, die unsere Gesellschaft mit sich herumträgt, hängt an diesen beiden Punkten: zu hohe Erwartungen und ein Lebensstil, eine Lebensart, die die Würde des Einzelnen routinemäßig verletzt. Dazu zählen auch Bürokratie und die Art, wie Technologie verwendet wird. Ein Beispiel aus der Arbeitswelt:

Stellen Sie sich vor, Sie haben Jahrzehnte der Erwerbsarbeit hinter sich und werden aufgrund der Wirtschaftskrise arbeitslos. Durch die Pandemie-Auflagen musste Ihr Betrieb schließlich zusperren. Sie kommen zum Arbeitsamt. Ihre demografischen Daten und Ihre Qualifikationen werden dort von einem Computerprogramm erfasst, ein Algorithmus errechnet Ihre Chancen auf dem Arbeitsmarkt. Leider sind die nicht gut. Ihr Betreuer hat keinen Grund, sich lange mit Ihnen zu beschäftigen, denn Sie werden ohnehin keine Arbeit mehr finden. Ein Computer, eine Software und ein Sachbearbeiter haben Ihr Schicksal besiegelt. Sie verlassen das Arbeitsamt verwirrt, ohnmächtig – und wütend.

Würde – was ist das genau? Vor Jahren habe ich eignungsdiagnostische Tests durchgeführt. Das heißt geprüft, ob Menschen, die arbeitslos geworden sind, Fähigkeiten und Potenziale haben, die z. B. im Rahmen von Weiterbildungen genutzt werden können. Das würde ihre Jobchancen deutlich erhöhen. Diese Menschen haben keine Wahl, sie müssen da mitmachen, weil sie sonst kein Geld mehr bekommen. Menschen Mitte fünfzig müssen Intelligenztests und Potenzialtests über sich ergehen lassen. Ein Knecht, der jahrzehntelang auf einem Bauernhof gearbeitet hat, bekommt gesagt, dass er mit seinem kaputten Rücken nicht in die Rente gehen kann, weil er ja noch als Briefträger arbeiten könnte, bei der Post wartet aber natürlich niemand auf einen Endfünfziger, der noch nie einen Brief ausgetragen hat. Wie fühlen sich diese Menschen? Ja, genau – ohnmächtig, enttäuscht, traurig, wütend.

In diesem Abschnitt haben wir gesehen, aus welchen Gründen Menschen wütend werden. Wir haben gesehen, dass Wut nicht sinnlos ist, sondern wichtige Funktionen erfüllt. Sie hat sogar das Potenzial Gewalt zu vermeiden, vor allem aber weist uns die Wut darauf hin, dass etwas nicht stimmt, in dieser Situation, in unserem Leben.

Das Bewusstsein dafür zu entwickeln, ist der erste Schritt, um mit negativen Emotionen konstruktiv umzugehen. Wut hat also wichtige Funktionen und kann von uns positiv genutzt werden. Bevor wir uns diesem Thema von der praktischen, konkreten Seite nähern, müssen wir aber noch dringend über etwas sprechen: Um die negativen Seiten der Wut geht es im nächsten Abschnitt.

ZUSAMMENFASSUNG

Von wirklich krankhaften Formen der Wut einmal abgesehen, liegen dieser Emotion tiefere Ursachen zugrunde. Sie gibt uns klare Hinweise darauf, dass wichtige Bedürfnisse nicht erfüllt werden, dass wir uns ohnmächtig fühlen oder dass etwas ungerecht ist.

Meist viel subtiler geht es darum, dass unsere Würde in Frage gestellt wird. Dass wir nur als Rädchen gesehen werden in einem Uhrwerk, das laufen muss, als eine Nummer, nicht als Mensch, der an sich wertvoll ist.

Wut kann zu Aggression und Gewalt führen. Aber in den allermeisten Fällen möchte der Wütende gar niemanden verletzen. Wut kann sogar präventiv wirken und einer gewaltsamen Auseinandersetzung vorbeugen.

Unsere wichtigste Aufgabe ist es herauszufinden, was unserer Wut zugrunde liegt und was uns die Wut sagen will. Diese Analyse hilft uns zu einem konstruktiveren Umgang mit dieser meist unerwünschten Emotion.

Die negativen Folgen der Wut

Die antiken Philosophen waren sich weitgehend einig, dass Wut eine irrationale, schädliche Emotion ist, die unterbunden werden sollte. Der römische Denker Seneca etwa schrieb in seinem Buch „De Ira" („Über die Wut"), dass Wut eine Art mentaler Defekt ist. Unser Geist macht Fehler dahingehend, wie wichtig ein Sachverhalt ist. Senecas Therapie besteht nicht darin, die Wut zu kontrollieren, sondern sie zu vollkommen zu zerstören. Auch heute noch gibt es Philosophen, die der Meinung sind, dass die Wut aus der Öffentlichkeit verbannt werden sollte. Menschen, die Wut offen zeigen, sollten demnach geächtet werden.

Das liegt sicherlich auch daran, dass die Wut tatsächlich handfeste negative Konsequenzen hat. Ein Wutanfall kann zu unkontrollierter Aggressivität führen. Der Wütende sagt Dinge, die eine geliebte Person verletzen, einer Beziehung nachhaltig Schaden zufügen. Viele Menschen glauben, dass man sich für alles, was man sagt, ja entschuldigen kann – wichtig sei nur, dass man keine körperliche Gewalt anwendet, niemanden verletzt oder gar tötet.

Die Schäden, die durch Beleidigungen oder herabwürdigende Aussagen angerichtet werden, sind auf den ersten Blick nicht so ersichtlich. Sie sind dennoch Tatsachen. Manches, was einmal gesagt wird, richtet Schäden an, die nicht rückgängig gemacht werden können. Vertrauen wird zerstört, aus Nähe wird unwiderruflich Distanz. Der Verletzte trägt die Wunde vielleicht nur in Form stillen Grolls mit sich herum. Aber der Schaden ist angerichtet.

Wut in persönlichen Beziehungen

Der richtige oder auch falsche Umgang mit Wut ist stark kontextabhängig, wie Psychologen das nennen. Das heißt, es kann gut sein, dass man die Wut gegenüber verschiedenen Personen in verschiedenen Situationen auch sehr unterschiedlich zeigt. Das macht auch Sinn. Sabine aus unserem Beispiel schreit ihren Ehemann an. Ob sie das auch in ihrer Arbeit tun würde? Wohl eher nicht. Doch bleiben wir zuerst bei der Wut in persönlichen Beziehungen, also in Freundschaften und Intimbeziehungen.

In Liebesbeziehungen und zum Teil auch in Freundschaften sind wir besonders verletzlich, weil wir uns hier viel eher öffnen als in Begegnungen mit anderen Menschen. Die Quelle der Wut – das berichten vor allem Frauen, aber auch Männer – ist oft ein „Nicht-gesehen-" oder „Nicht-gewürdigt-Werden".

Wut kann schnell zu aggressivem Verhalten führen, vor allem wenn der Partner ebenso mit Wut reagiert. Wut mag ein Faktor bei der Entstehung körperlicher Gewalt sein, noch mehr spielt hier aber das Bedürfnis des Täters nach Kontrolle in der Beziehung eine Rolle. Wenn Sie in einer Beziehung leben, in der körperliche Gewalt regelmäßig vorkommt, sollten Sie auf jeden Fall umgehend professionelle Hilfe in Anspruch nehmen!

Doch sehr oft – glücklicherweise – führt Wut nicht zu Gewalthandlungen. Viele Menschen, die wütend sind, wollen gar niemanden verletzen oder jemandem schaden. Sie wollen gehört werden. Dennoch trägt Wut dazu bei, dass das Klima in einer Partnerschaft oder Freundschaft sich verschlechtert. So wie Wut aus einer Kränkung entsteht, führt sie beim Partner ebenso wieder zu einer Kränkung. Ein negativer Kreislauf nimmt seinen Weg. In Beziehungen kristallisiert sich meist recht schnell eine eigene „Wut-Dynamik“ heraus. Daraus entstehen Verhaltensmuster, die unbewusst ablaufen und häufig über die gesamte Beziehungsdauer bestehen bleiben.

Studien haben gezeigt, dass, wenn sich die Wut beim Wütenden in einem Streit steigert, gleichzeitig die Wutgefühle des Partners steigen – allerdings sinkt die Wahrscheinlichkeit, dass dieser diese Wutgefühle zeigt. Klar, denn er hat das Gefühl, dass dann überhaupt alles explodiert.[16] Denken wir an Sabine:

Sabines Mann kommt während ihres Wutanfalls kaum zu Wort. Er wird beleidigt und heruntergemacht. Bewusst oder unbewusst ist ihm klar, dass seine wütende Reaktion alles noch schlimmer machen würde. Doch sein innerer Groll nimmt mit jeder Sekunde zu. Er verlegt sich aufs Schweigen und tut, was er in solchen Situationen mit Sabine immer macht: Er ignoriert sie und spricht kein Wort mehr. Wie kommen die beiden hier wieder raus?

Forschungen haben Folgendes ergeben: Wenn man in einer Partnerschaft angegriffen und gekränkt wird, kann man eben mit Wut reagieren. Hier zeigt sich, dass das eine ganz spezifische Wirkung beim Partner hat. Der hat nämlich das Gefühl, dass dem anderen die Beziehung nicht so wichtig ist (sonst würde er aus seiner Sicht keinen Streit anfangen). Der Partner wird deshalb auch wütend, destruktive Verhaltensweisen folgen auf beiden Seiten. Der Konflikt verschärft sich, hält an, vergiftet das Klima.

Es gibt aber noch eine zweite Möglichkeit, auf Kränkungen zu reagieren, nämlich den Schmerz zu zeigen, Schwäche zuzugeben. Laut Forschung scheint das positive Wirkungen zu haben.[17] Im Kontakt zu bleiben und das Geschehene zu „reparieren“, führt tatsächlich beim Partner oft zu konstruktiven Verhaltensweisen.

Wut wird in einem Konflikt also oft als Dominanzverhalten wahrgenommen. Es gibt dem Wütenden das Gefühl, die Kontrolle zu haben, aber innerlich entfernen sich die Partner dadurch voneinander. Den Schmerz offen zu zeigen, bedeutet dagegen, sich verletzlich zu zeigen. In den meisten Fällen ist das insofern produktiv, als es die Verbindung zwischen den Partnern festigt. Das Vertrauen steigt, der Partner sieht bewusst oder unbewusst, dass dem anderen die Beziehung wichtig ist.

Sabines Wutanfall gibt ihr in dem Moment ein Gefühl von Kontrolle, ein Gefühl, dass sie „zurückschlägt“ nach all den Ungerechtigkeiten und Kränkungen. Doch ändern wird sich nicht viel. Die Wutreaktion von Sabines Ehemann dagegen ist sehr vorhersagbar, weil derartige Situationen in ihrer Beziehung immer die gleichen Verhaltensmuster und Reaktionen auslösen.

Er wird sie mit eiskaltem Schweigen bestrafen, bis sie sich entschuldigt. Sabine wird das einen, vielleicht sogar zwei Tage aushalten, bis sie auf ihren Mann zugeht. Der wird sich ein wenig zieren, aber er wird ihr dann großzügig verzeihen – jetzt befindet er sich wieder im Besitz der Kontrolle.

Sabines Wut löst hier eine Folge an Ereignissen ab, die der Beziehung zwischen ihr und ihrem Mann nicht guttun. Ein berechtigtes Anliegen wird letztlich totgeschwiegen. Wäre sie hier der „Schmerz-Variante“ gefolgt, hätte sie ihrem Mann vielleicht direkt gesagt, worin die Kränkung besteht und warum sie sich zurückgesetzt fühlt. Womöglich hätte das zu der Entlastung geführt, die sie benötigt, und den Konflikt deutlich verkürzt.

Wut ist ein bisschen wie ein anpassungsfähiges Virus. Sie lässt sich nur bekämpfen, wenn man aktiv auf sie zugeht. Wenn ich achtsam auf meine Bedürfnisse und die meines Partners hinter der Wut eingehe, kann ich sie ausschalten. Wenn ich es nicht schaffe, mich gedanklich aus der Wut-Ärger-Spirale zu lösen („Wie ungerecht er/sie sich nur verhält!“), verlängert sich die Lebensdauer der Wut.

Es gibt verschiedene Wut-Typen, deren Verhaltensweisen in unterschiedlichem Ausmaß Schaden anrichten. Erkennen Sie sich selbst in einem wieder?

Der Vulkan

Der ganze Ärger staut sich lange Zeit einfach auf. Ein Seismograf könnte vorhersagen, wann der Ausbruch stattfindet, aber von außen sieht alles ganz harmlos aus. Doch wenn es einmal aus dem Krater zu rauchen beginnt, ist es schon zu spät. Alles muss raus, die Lava ergießt sich auf das Gegenüber.

Das Krokodil

Es kommt ohne Vorwarnung aus dem Wasser, schnappt zu und ist auch schon wieder weg. An eine Gegenreaktion des Gegenübers ist nicht zu denken.

Der Zyniker

Wutausbrüche, direkte Anschuldigungen, Beleidigungen? Fehlanzeige. Der Zyniker verkleidet seine Wut und Enttäuschung hinter Sarkasmus und kleinen Witzchen. Fühlt sich jemand auf den Schlips getreten, kann der Zyniker die Verantwortung ja sofort umdrehen: „Wer wird bei einem kleinen Spaß gleich so empfindlich sein?“

Der Verweigerer

Sabines Ehemann ist so ein Typ. Wenn Ihnen jemand sagt, „Mit mir kann man nicht streiten“, seien Sie vorsichtig. Das sind die

Verweigerer, die lassen Sie ins Leere laufen. Ihre Wut zeigen sie durch beharrliches Schweigen und scheinbare Gefühlskälte.

Der Märtyrer

Klassische Wutausbrüche wird man bei ihm nicht sehen. Er sieht sich als Opfer seiner Mitmenschen. Seine Mission ist es, die Ungerechtigkeiten um sich herum zu ertragen und das auch alle um sich herum wissen zu lassen.

Wut am Arbeitsplatz

Das Telefon läutet, Sie blicken auf das Display. „Oje“, denken Sie und zögern beim Abheben. Es ist Herr Huber, der Kollege im Vertrieb, ein Herr im mittleren Alter, der leicht „übergeht“. Gespräche mit ihm sind meist nicht sehr angenehm. Sie heben ab und nehmen sich noch vor, besonders freundlich zu sein und das Gespräch schnell ohne Konflikt über die Bühne zu bringen.

Herr Huber hat aber leider etwas dagegen. Es dauert nur zwei Sätze, und schon sind Sie in der Defensive. Warum Herr Huber nicht über die neue Richtlinie informiert wurde. Das sei die Zuständigkeit seiner Abteilungsleitung? „Wer hat sie denn geschrieben? Das waren doch Sie!“, schreit Herr Huber ins Telefon und redet sich weiter in Rage. Wenn das so weitergeht, wird er sich wieder bei Ihrem Chef beschweren. Leute wie Sie hätten keine Ahnung, wie der Hase wirklich läuft. „Herr Huber, hören Sie auf, mich anzuschreien ...“ – „Sie sind aber sensibel, ein bisschen Kritik, und schon werden Sie aggressiv. Wollen Sie mir etwa drohen?“

Es ist eines jener Gespräche, das uns oft noch den Schlaf raubt. Entweder ärgern wir uns, weil wir zu nachgiebig waren und nicht schlagfertig genug reagiert haben, oder umgekehrt, dass wir selbst zu dick aufgetragen haben, unsere Reaktion überzogen war, wir uns zu sehr haben mitreißen lassen. Herr Huber ist offensichtlich ein streitlustiger Mensch, der schnell – und vielleicht auch ganz gern – in Rage gerät. Selbst ein beiläufiges Gespräch übers Wetter kann bei ihm schnell in einem Wortgefecht enden.

Doch welcher Wut- und Konflikttyp sind Sie selbst? Sind Sie jemand wie Herr Huber, der Konflikte als Lebenselixier braucht? Oder vermeiden Sie jede Meinungsverschiedenheit, so gut es nur geht? Das sind die Extrempole:

- Konfliktscheu: Diese Menschen vermeiden Konflikte und direkte Streitgespräche mit anderen. Sie tun sich schwer, ihre Bedürfnisse zu artikulieren, wenn sie im Widerspruch zu jenen einer anderen Person stehen. Das führt dazu, dass sie negative Gefühle eher unterdrücken. Probleme werden eher „unter den Teppich gekehrt".
- Streitlustig: Ganz im Gegensatz zu den konfliktscheuen Zeitgenossen haben die Streitlustigen kein Problem damit, Forderungen zu stellen oder dominant bzw. aggressiv aufzutreten. Sie lieben es, in Konflikte einzutreten, und noch mehr, sie zu gewinnen – was immer das dann bedeutet. Wut wird direkt artikuliert, in ihren Beziehungen hinterlassen die Streitlustigen viel verbrannte Erde.

Einfach nur freundlich zu sein, bringt mit konfliktfreudigen Personen recht wenig. Jemand, der auf Streit aus ist, wird schnell einen Grund finden. Im normalen Alltag wird man einen Bogen um solche Menschen machen, aber am Arbeitsplatz geht das nicht immer. Im Telefonat mit Herrn Huber ist es wichtig, die Beschuldigungen nicht auf sich zu beziehen.

Vermeiden Sie Aussagen wie „Das war ich nicht“ oder „Das ist nicht meine Schuld.“ Formulierungen wie „Welche Informationen brauchen Sie genau?“ oder „Das sollten wir in Ruhe miteinander besprechen“ können helfen, auf die Sachebene zu kommen bzw. Zeit zu gewinnen. Auch Streitlustige wie Herr Huber können sich in einem persönlichen Gespräch, in dem man auf ihre Perspektive eingeht, als gesprächsfähig erweisen.

Ein weiteres Beispiel: Sie erklären in einer Besprechung mit mehreren Mitarbeitern gerade etwas zu einem Thema aus Ihrem Aufgabenbereich und schon passiert es wieder: Herr Schulze unterbricht Sie und erklärt Ihnen, wie der Hase läuft, wie man Ihren Bereich besser machen könnte oder warum seine Themen viel wichtiger sind.

Es sind immer die gleichen Personen, die einem das Wort abschneiden oder einen irgendwie „dumm“ aussehen lassen. So gravierend die negativen Folgen der ständigen Präsenz von Wut am Arbeitsplatz auch sind: Hier kann eine Prise Aggressivität, eine strategische Form der Wut durchaus helfen. Doch um Herrn Schulze zu entschärfen, gibt es einige Möglichkeiten, ohne direkt zum Gegenangriff übergehen zu müssen.

Am besten ist es, das Wort wieder an sich zu ziehen, nicht zu „vergessen“, dass man ja gar nicht fertig war. „Ich komme nochmals auf das Thema XY zurück, vielleicht schaffen wir es diesmal, dass ich fertig sprechen darf.“ Wird man angegriffen, passiert das oft, indem die eigene Arbeit indirekt entwertet wird. Eine Reaktion darauf ist das „Verdünnen“ des Angriffs durch Formulierungen wie „Diesen Aspekt können wir gerne einmal besprechen“, „Interessant, ich denke mal darüber nach“ oder „Ich habe diesen Vorschlag schon einmal vor einigen Jahren gemacht, ich finde es toll, wenn Sie das jetzt aufgreifen.“

Sabine hat im Büro eine tolle Event-Idee ausgearbeitet. Das war einige Wochen harte Arbeit. Nun hat sie das Konzept einer Führungskraft zur Verfügung gestellt. Über deren Reaktion ist sie sehr enttäuscht, denn sie hat die Umsetzung als unrealistisch abgelehnt.

Durch einen Zufall erfährt Sabine, dass die gleiche Führungskraft nun ihr Konzept unter eigenen Namen umsetzt – ohne Sabine. Sabines Wut ist leicht nachvollziehbar. Sie denkt: „Was fällt dem ein? Das ist doch wirklich die Höhe, mir meine Idee zu klauen!"

Was kann sie hier tun? Die Führungskraft ist Mitglied der Geschäftsleitung. Sie offen zur Rede stellen? Bei einem Kollegen geht das vielleicht noch, bei einem Chef ist das eher weniger förderlich.

Sabine überlegt lange, was sie tun soll. Ihr Kollege meint, sie solle es auf sich beruhen lassen, es habe ohnehin keinen Sinn. Es ist gut, länger zu überlegen, so vergeht Zeit und die Emotionen können ein bisschen abkühlen. Sabine sieht ein, dass sie ihre Wut hier nicht rausschreien kann, dass ihr das nicht helfen würde, sondern wahrscheinlich sehr schaden. Daher dreht sie den Spieß um. Dass ihr jemand Ideen klaut, heißt ja schließlich auch: Es sind gute Ideen, die sie hat.

Und so schreibt sie an die Führungskraft: „Sehr geehrter Herr Meier! Es freut mich sehr, dass mein Konzept zum Thema X nun doch umgesetzt wird. Das ist eine große Ehre für mich, meine Idee verwirklicht zu sehen. Wenn ich bei der Umsetzung mithelfen kann oder Sie Fragen haben, dann stehe ich Ihnen gerne jederzeit zur Verfügung. Freundliche Grüße ..."

Sabine hat niemanden beleidigt, aber doch die Sachlage klargestellt. Die Wut verfliegt, Sabine muss lächeln. Wie Sie voraussehen konnte, bekommt sie keine Antwort.

Wut muss man kanalisieren, denn Herausbrüllen führt bei sich selbst und bei den anderen zu noch mehr Aggressivität.[18] Die Beispiele zeigen einerseits, wie unangenehm Wut und Ärger im Arbeitsalltag sein können – nicht selten auch mit psychologischen Folgen. Stress und Erschöpfungsphänomene verstärken sich in einer solchen Atmosphäre, vor allem bei jenen, die selber ihre Wut nicht zeigen und in Konflikten ängstlicher sind.

Neben diesen ernsten psychologischen Konsequenzen für den Einzelnen sind aber auch Folgen für den Unternehmenserfolg nicht zu vergessen. Der finanzielle Schaden, der durch eine konfliktreiche Atmosphäre, ärgerliche Kollegen und wütende Führungskräfte entsteht, ist oft nicht sichtbar, aber er ist groß, wie Studien nahelegen.

Manager, die zu häufigen Wutausbrüchen neigen, werden von ihren Mitarbeitern eher als Tyrannen wahrgenommen.[19] Ähnlich wie in privaten Beziehungen könnte es sich für Personen mit Leitungsaufgaben lohnen, Trauer und Schmerz zu zeigen. Führungskräfte, die das adäquat tun, sind erfolgreicher als solche, die häufig Wut und Ärger zeigen. Wütende Manager werden zwar als mächtig eingestuft, aber ihre Macht wird von den Mitarbeitern als Zwang erlebt, der die Produktivität hemmen kann. Leitungspersonal, das Trauer und Schmerz zeigen kann, wird von den Mitarbeitern Beziehungsmacht zugestanden. Das heißt, sie sind in der Lage zu führen, ohne ständig Bestrafungen und negative Konsequenzen androhen oder umsetzen zu müssen. Sie haben quasi eine natürliche Autorität.[20]

Wut lässt uns keine guten Entscheidungen treffen! Weder privat und beruflich. Die Forschung legt nahe, dass wir, wenn wir wütend sind, glauben, schlauer zu sein als alle um uns herum. Menschen, die häufiger wütend sind, glauben eher, dass sich die Welt um sie selbst dreht, sie sind narzisstischer, leichter beleidigt, unterstellen anderen öfter böse Absichten und treffen schlechtere Entscheidungen.[21] Das kann Firmen wiederum viel Geld kosten.

Wie Wut nicht nur Einzelnen schadet, sondern die ganze Teamleistung in einer Abteilung beeinträchtigen kann, hat der Berater Joshua Kerievsky ganz eindrucksvoll beschrieben.[22] Er führte eine Maßzahl ein, die *mean time to conflict resolution*, also die durchschnittliche Zeit, in der ein Konflikt im Team gelöst ist. Hier geht es um den Zeitpunkt, wo der erste Ärger entsteht, bis das Thema wieder ausgeräumt ist. Je länger das dauert, desto schlechter die Leistung des Teams.

Teams, die das gut können, verfügen über etwas, das man psychologische Sicherheit nennt. Es bedeutet im Wesentlichen, dass man sich in einem Team akzeptiert, wertgeschätzt gefühlt. Dass man gewagte Vorschläge machen kann, ohne ausgelacht oder zurückgesetzt zu werden, dass kalkulierte Risiken eingegangen werden können. Dass man sicher sein kann, dass Fehler nicht von Kollegen ausgenutzt werden usw.

Es liegt auf der Hand, dass eine solche Atmosphäre nicht von wütenden Managern hergestellt werden kann. Wutanfälle, Mangel an Autonomie, geringschätzende Bemerkungen, ein Klima der Angst, öffentliche Demütigungen sind die Bestandteile, die psychologische Sicherheit und letztlich auch den betrieblichen Erfolg untergraben.

Psychologische Sicherheit kann man üben. Wir werden später noch sehen, wie Offenheit und Aufrichtigkeit auch im betrieblichen Umfeld psychologische Sicherheit entstehen lassen kann. Durch offene Kommunikation können negative Emotionen in vielen Fällen gedämpft werden oder entstehen erst gar nicht. Konfliktsituationen werden so schon zu Beginn abgefangen, negative Hintergedanken reduziert. Der Groll, den man insgeheim mit sich herumträgt, reduziert sich. Ein wichtiges Instrument dafür ist die Gesprächsführung in wichtigen Situationen. Damit werden wir uns später noch auseinandersetzen.

Wut kann Unternehmen und ihre Mitarbeiter im wahrsten Sinne des Wortes teuer zu stehen kommen. Sie untergräbt die Produktivität, gefährdet die Gesundheit und kostet damit schnell sehr viel Geld. Oft bemerkt man es nicht oder man bemerkt es zu spät. Psychologische Sicherheit dagegen führt nicht nur zu einer angenehmeren, effizienteren Zusammenarbeit, sie ist nicht nur ein positives Gefühl. Indirekt führt sie, wie Studien zeigen konnten, zu mehr Produktivität und einem besserem Outcome von Teams.[23] Gruppen, die psychologische Sicherheit vermitteln, arbeiten effizienter und haben weniger Angst vor Misserfolg. Fehler werden nicht kaschiert oder unter den Teppich gekehrt, um gut dazustehen. Im Gegenteil: Sie helfen auch den anderen, ihre Arbeit besser zu machen.

Wut kann negative Folgen auf die Menschen in unserer Umgebung haben, das ist klar. Doch was von vielen unterschätzt wird: Die Wut richtet sich auch gegen den Wütenden selbst.

Die Folgen für den Wütenden

Unkontrollierte Wut kann persönliche Beziehungen zerstören, das Arbeitsklima vergiften und beträchtliche wirtschaftliche Schäden verursachen. Doch die schlimmsten Folgen der Wut richten sich gegen den Wütenden selbst. Wut, das ist klar, fühlt sich nicht gut an. Ist jemand ständig wütend, immer kurz vor dem Explodieren, nimmt er jede kleine und große Kränkung zum Anlass für Rachegedanken, hat das Folgen für die Befindlichkeit und sogar die Gesundheit. Der folgende Abschnitt zeigt, was alles auf dem Spiel steht, wenn die Wut beginnt, das Leben zu beherrschen.[24]

Wut und Depression gehen Hand in Hand

Sabines Ehemann hat vorhin gelassen auf ihren Wutanfall reagiert. Doch nur nach außen hin, in Wirklichkeit brodelt es in ihm. Für Sabine wirkt es, als würde er sie eiskalt anschweigen. Doch ihm fehlen nur die Worte. Er weiß nicht, was er falsch gemacht hat, seinen Ärger verbirgt er. Er denkt über die Situation nach, ohne etwas zu tun. Seine Gedanken kreisen, sein Groll auf Sabine wird immer stärker – aber außer nichts zu sagen, fällt ihm nichts ein.

Vielen Menschen geht es so wie Sabines Mann. Der Ärger hält sie fest. Sie denken über die verfahrene Situation nach, kommen zu keiner Lösung, geben den anderen die Schuld, sehen sich als Opfer. In der psychologischen Fachsprache hat dieses Gedankenkreisen einen eigenen Namen: Rumination, „gedankliches Wiederkäuen". Es geht Hand in Hand mit depressiven Verstimmungen und gilt als ein Symptom bei klinischen Depressionen. Zahlreiche Studien haben bestätigt, dass Depression und Wut zusammenhängen – sie sind Partner in einer Abwärtsspirale, die unserer mentalen Gesundheit Schaden zufügt.

Nachdenken ist nichts Schlechtes. Aber wenn die Gedanken nur noch kreisen und außer Ärger nichts mehr herauskommt, sollten wir die Notbremse ziehen. Hier helfen Aktivitäten, die unsere volle Aufmerksamkeit erforderlich machen. Erledigen Sie ein wichtiges Telefonat, das Sie gleich auf andere Gedanken bringt. Noch besser ist es, die Konzentration mit körperlicher Aktivität zu verbinden. Sport hat eine depressionsmildernde Wirkung: Laufen, Mountainbiken, Klettern, Sportschießen, Golf oder Tennisspielen ...

Wut verstärkt die Angst

Sabine macht sich viele Sorgen, vor allem um ihre Kinder, aber auch um ihre Gesundheit, den Job, ihre Ehe. So viel könnte schiefgehen, so viel könnte sie falsch machen.

Gerade perfektionistische Menschen haben oft Angst, die Kontrolle zu verlieren, dass Dinge anders laufen könnten als geplant. Passiert das dann tatsächlich, sind Zorn und Ärger nicht weit. Wut wiederum scheint nicht entlastend zu sein, sondern Ängste noch weiter zu verstärken und zu vertiefen.

Das liegt daran, dass Wut und Angst ein paar gemeinsame Eigenschaften aufweisen, die zum Teil von unserer Persönlichkeit abhängen. Aber auch die jeweilige Lebensphase spielt eine große Rolle, ob wir in bestimmten Situationen sensibler reagieren, schneller nervös und ängstlich werden, uns gestresst fühlen. Die Menschen in unserer Umgebung nehmen das natürlich auch wahr. Wir sind dann gereizter, kommen ärgerlich oder gar aggressiv rüber. Das führt dazu, dass man uns eher meidet, Abstand hält oder verständnislos auf uns reagiert. Das steigert die Distanz zu anderen Menschen, und wir haben das Gefühl, allein zu sein, einer feindseligen Umwelt gegenüberzustehen – was wiederum Angst und Wut verstärkt.

Eine Studie hat gezeigt, dass eine niedrige Ausprägung der Persönlichkeitseigenschaft Verträglichkeit zu einem späteren Zeitpunkt Wut und Aggression voraussagt.[25] Diese Erkenntnis können wir nützen, um die Wut-Angst-Spirale zu durchbrechen. Verträglichkeit lässt sich teilweise auch erlernen. Das bedeutet in einfachen Worten: mitfühlender, vertrauensvoller und kooperativer mit anderen umzugehen. Trainieren Sie eine positivere Grundhaltung Ihren Mitmenschen gegenüber.

Ein Bekannter von mir ist ein perfektes Modell dafür. Seine Menschenfreundlichkeit lässt sich auch durch negative Erfahrungen nicht trüben. Einmal gab er einer Bettlerin Geld, die sich beschwerte und ihn beschimpfte, es sei zu wenig. Er lachte, ging zum Geldautomaten, hob Bargeld ab und gab es der Bettlerin.

- Verzeihen Sie den Menschen ihre kleinen Schwächen – vielleicht kann man die Macken von Freunden auch einmal großzügig übersehen?
- Beziehen Sie nicht alles auf sich. In Wahrheit interessieren sich die meisten Menschen nicht für Sie und meinen es nicht persönlich oder böse.
- Gehen Sie nicht vom Schlimmsten aus. Ziehen Sie vor allem in Erwägung, was am wahrscheinlichsten passieren wird.

Wut führt zu Herzkrankheiten und Schlaganfall

Wut hat nachvollziehbare Folgen für unsere mentale Gesundheit. Die körperlichen Folgen eines wütenden Lebensstils dagegen werden meist unterschätzt. Studien berichten davon, dass Wut bestehende Schmerzen verstärkt und mit häufigeren Arztbesuchen verbunden ist.[26] Im Zeitraum von bis zu zwei Stunden nach einem Wutanfall steigt das Risiko für einen Herzinfarkt oder einen Schlaganfall deutlich an, wie eine Übersichtsstudie nahelegt.[27]

Die mit der Wut einhergehende Erregung scheint Immunfunktionen zu beeinträchtigen und generell Herz-Kreislauf-Erkrankungen zu begünstigen. Wut ist gleichermaßen Ursache und Folge von Stress. Chronischer Stress wiederum schädigt unser Immunsystem, gestresste Menschen haben im Durchschnitt einen schlechteren Gesundheitszustand als weniger gestresste. Gerade bei Stress ist es wichtig, Unterstützung von anderen Menschen zu erhalten – aber gerade Menschen, die ein hohes Wutlevel aufweisen, haben oft das Gefühl, wenig oder keine Unterstützung zu erfahren.[28] Das hat auch körperliche Folgen.

Möglicherweise ist die Wut an sich noch nicht das Entscheidende, sondern die Art und Weise, wie wir mit ihr umgehen bzw. wie gut wir sie kontrollieren können. Untersuchungen zeigen nämlich, dass sowohl das Unterdrücken von Wut („Ich fresse den Ärger in mich hinein und mache gute Miene zum bösen Spiel") als auch das direkte Herauslassen der Wut („Ich schreie die andere Person an und/oder beleidige sie") mit Herzerkrankungen, Bluthochdruck sowie mit der Häufigkeit von Symptomen zusammenhängen.[29]

Schon Kinder und Jugendliche, die häufiger in wütender oder ärgerlicher Stimmungslage sind, klagen häufiger über körperliche Beschwerden.[29] Hier sind die Bewältigungsstrategien Selbstbehauptung (z. B. „Ich warte, bis ich mich beruhigt habe, und versuche, der anderen Person meine Gefühle klarzumachen") und soziale Unterstützung suchen (z. B. „Ich verlasse die Situation und suche den Rat einer Person, der ich vertraue") vorteilhaft, weil sie sich dafür eignen, die wütende Grundstimmung in positivere Emotionen zu verändern. Das direkte Herauslassen der Wut und besonders das ständige Nachdenken über die wutauslösende Situation sind hier ungünstig.

Selbst die gleichen Bewältigungsstrategien können unterschiedlich wirken – je nachdem aus welchem Grund man sie anwendet. Schlägt man auf einen Sandsack ein und stellt sich die wutauslösende Person vor, ist das weniger effektiv, weil man in der wütenden Stimmungslage bleibt – die Wut wird quasi konserviert. Macht man die Boxübungen dagegen zur Ablenkung, kann das sehr wohl etwas bewirken und uns von der Wut und ihren körperlichen Folgen befreien.

Eine „wütende Grundhaltung" ist also auch körperlich wirksam. Wut-Management, ein besserer Umgang mit negativen Emotionen kann aber beitragen, diese negativen Effekte zu mildern bzw. zum Verschwinden zu bringen. Wie wir unsere Grundhaltung ändern und auf wutauslösende Situationen besser reagieren, darum wird es im Folgenden gehen.

ZUSAMMENFASSUNG

Wut hat negative Folgen. Sie beschädigt die Beziehungen zu Menschen, die uns wichtig sind. Allzu oft führt sie in verfahrene Situationen – selbst, wenn wir uns in einer Situation durch den Ausdruck von Wut durchsetzen.

Die Folgen sind nicht auf das Privatleben beschränkt. Auch im Arbeitsleben hat Wut handfeste Folgen. Zwar werden wütende Chefs als durchsetzungsstark wahrgenommen, zu mehr Produktivität führt das allerdings nicht. Kein Wunder: Wut korrumpiert das Vertrauen, und ohne Vertrauen keine psychologische Sicherheit am Arbeitsplatz –die aber ist entscheidend für gute Leistungen.

Wut kennt verschiedene Ausdrucksformen. Der Wutanfall ist die offensichtlichste, aber längst nicht die häufigste Spielart. Sehr oft wird Wut aber verborgen. Sie zeigt sich nicht, wird vom Betroffenen hineingefressen und führt zu beständigem Groll.

Dieser Groll schadet anderen, aber am meisten dem Wütenden selbst. Wut hat psychische Folgen, sie geht Hand in Hand mit Depression und Angst. Wut hat aber auch kurz- und langfristige körperliche Folgen, sie kann zu Herzkrankheiten und Schlaganfall führen.

Wut, Hilflosigkeit und die Macht der Demut

Wir haben nun schon einiges über die Wut erfahren: Wie sie entsteht, welche Funktion sie hat und welche Folgen. Doch bevor wir ins Praktische wechseln, müssen wir uns noch mit den mentalen Zuständen beschäftigen, die zu den engsten Verwandten der Wut zählen. Wenn wir diese „Familienmitglieder" kennenlernen, erfahren wir auch einiges über die Wut selbst.

Wut kann sich in einem unkontrollierten Wutanfall sehr deutlich zeigen. Doch Wut kann sich nicht nur unkontrolliert äußern, sie entsteht auch aus einem Gefühl mangelnder Kontrolle, aus Hilflosigkeit und Ohnmacht heraus. Das liegt auch daran, weil wir oft falsche Erwartungen über unseren Einfluss auf die Ereignisse in unserem Leben haben. Dabei gibt es sehr viele Dinge, auf die wir keinen oder sehr wenig Einfluss haben, z. B. das Wetter, politische Entscheidungen oder den Sparkurs der Unternehmensleitung.

Dann gibt es Ereignisse, auf die wir zwar Einfluss haben, aber die eben auch von anderen Personen oder Umständen abhängen, z. B. der Erfolg eines Vorstellungsgesprächs oder die Haltbarkeit einer Ehe. Die dritte Gruppe an Ereignissen ist schließlich die seltenste: Hier haben wir die Kontrolle, z. B. darüber, was wir anziehen und was wir essen.

Eigenartigerweise wird uns ständig eingeredet, dass die letzte Gruppe der Normalfall ist. „Jeder ist seines Glückes Schmied", heißt es, ob Gesundheit, Partnerschaft, Ausbildung, Job und Finanzen. Nichts muss man dem Zufall überlassen, alles kann man steuern – so der Tenor des allgegenwärtigen Marketings.

Es spricht nichts dagegen, wenn man das Leben in die eigene Hand nimmt, ganz im Gegenteil. Aber fehlerhafte Erwartungen an das, was machbar ist, machen schlimme Enttäuschungen unausweichlich. Frustrationen verschärfen sich dadurch, dass man im Sinne dieser Kontrollfanatismus-Philosophie auch am Scheitern nur selbst schuld sein kann. Das erzeugt Scham, aber eben auch Wut. Und so wird die Wut auch zu einem kulturellen Phänomen, das sich ständig selbst reproduziert. Die eigene Ohnmacht zu erkennen und auszuhalten, ist eine Tugend, die es wert ist, gepflegt zu werden.

In Marlen Haushofers Roman „Die Wand“[30] wird für die Ich-Erzählerin ein Wochenende in den Bergen zum Alptraum. Die Freunde gehen abends ins Tal, um in einem Gasthaus einzukehren. Doch sie kehren bis in die Morgenstunden nicht zurück. Auf der Suche nach ihnen wird für die Protagonistin eine unsichtbare Barriere, eine Glaswand, zu einem unüberwindlichen Hindernis, um ins Tal zu gelangen. Außerhalb der Wand scheint kein Leben mehr zu sein, ein rätselhaftes Unglück hat die Menschheit heimgesucht.

Nur die Ich-Erzählerin scheint überlebt zu haben, aber sie ist auf der Alm gefangen. Ohnmacht, Verzweiflung, Wut wären hier wohl allzu nachvollziehbare Empfindungen. Doch die Protagonistin bleibt merkwürdig gefasst. Sie lotet ihre Handlungsmöglichkeiten aus und entwickelt einen Einsiedlerhaushalt, der es ihr ermöglicht, am Leben zu bleiben. Sie realisiert fast schlagartig die neue Situation und dass nichts mehr so sein wird, wie es war. Sie lernt neue Fähigkeiten im Umgang mit Pflanzen und Tieren und hält an einem disziplinierten Tagesablauf fest.

Warum ich das erzähle? Auch im normalen Alltag scheint die richtige Einschätzung dessen, was möglich ist und was nicht, die beste Wutprophylaxe zu sein. Marlen Haushofers Heldin beschäftigt sich mit dem, was in ihrer Macht steht, und versucht es zu vermeiden, mit ihrem Schicksal zu hadern. Sie gibt sich keinen positiven Rettungsszenarien hin oder denkt zwanghaft optimistisch. Ihr ist ganz klar: Sie steht auf verlorenen Posten. Dennoch kämpft sie und gibt nicht auf. Sie bleibt ungebrochen, vielleicht gerade, weil ihr so klar ist, was sie nicht ändern kann.

Ein entscheidender Punkt bei der Wut ist genau das: Wie halten wir unsere eigene Endlichkeit, Beschränktheit, Kleinheit, Hilflosigkeit aus? Wie können wir mit der eigenen Ohnmacht konstruktiv umgehen? Neben dem ganz praktischen Fokus auf das Machbare ist hier die Pflege einer altmodischen Tugend empfehlenswert: die Demut.

Moment. Demut, heißt das nicht sich kleinmachen? Damit kommt man wohl nicht weit, oder? Im Gegenteil: Demut heißt nicht, sich weniger wert zu fühlen als andere oder eigene Leistungen herunterzuspielen, damit man nicht als Angeber dasteht. Demut bedeutet in einer modernen Auslegung, seine eigenen Leistungen, aber auch Charakterzüge akkurat einschätzen zu können. Die eigenen Grenzen werden nicht nur gesehen, sondern anerkannt. Es ist möglich, sich selbst auch einmal zu „vergessen“.[31]

Die Psychologin Jennifer Cole Wright geht hier noch einen Schritt weiter.[32] Sie sagt: Grundsätzlich ist unser Denken und Handeln egozentrisch – es geht gar nicht anders, da wir ja als Individuen existieren. Demut ermöglicht uns zu erkennen, dass wir mit allem in Verbindung stehen, dass wir Teil eines größeren Ganzen sind. Wir schaffen es, aus unserer kleinen Existenz herauszutreten und eine Art Meta-Blick auf das Leben zu entwickeln. Wir sind nicht mehr gefangen in einer Schleife hemmungsloser Subjektivität. Wir können die Dinge objektiver betrachten.

Man muss nicht wie Marlen Haushofers Heldin mit dem Rücken zur Wand stehen, um die eigene Endlichkeit anzunehmen, anstatt sie zu verdrängen. Manches ist hoffnungslos, aber es geht dennoch weiter – eine Erkenntnis, die auch befreien kann. Demut erleben wir alle dann und wann, wenn es uns gelingt, aus dem alltäglichen von Sorgen dominierten Bewusstseinsstrom einmal herauszutreten. Doch Demut als Tugend zu pflegen heißt, sie als unsere normale Herangehensweise in unserem Alltagsleben zu etablieren.

Demut ist also so etwas wie das Herunterschrauben allzu hoher Erwartungen. Das bedeutet natürlich nicht, ständig ein Miesepeter sein zu müssen. Aber: Vorsichtiger oder defensiver Pessimismus, also beispielsweise in Leistungssituationen schlechtere Ergebnisse zu erwarten, führt dazu, dass man sich besser vorbereitet und schließlich auch besser abschneidet.[33] Ganz nach dem Motto: Ich befürchte das Schlimmste und hoffe das Beste, aber ich tue auch etwas dafür, dass die Hoffnung eintritt.

ZUSAMMENFASSUNG

Mangelnde Kontrolle, Hilflosigkeit und Ohnmacht sind nicht selten die Ausgangspunkte für Wut. Aber daran sind wir nicht ganz schuldlos. Lernen wir unsere Möglichkeiten richtig einzuschätzen, machen wir uns klar, dass wir manches nicht ändern können und versuchen wir damit zu leben. Manchmal muss man Erwartungen, die uns von außen „eingepflanzt" werden, herunterschrauben und sich in Demut üben.

SO WERDEN SIE ZUM WUT-ENTSCHÄRFER: CRASHKURS

In diesem Kapitel entwickeln wir Strategien, wie Wut erst gar nicht entsteht, und wenn doch, wie wir besser damit umgehen. Leider reicht es oft nicht, seine eigenen negativen Emotionen im Griff zu haben. Daher werden wir uns auch daran machen, die Wut unserer Mitmenschen zu entschärfen.

Jeder denkt daran, die Welt zu verändern, aber niemand denkt daran, sich selbst zu verändern. *Leo Tolstoi*

Der „Feuerdrache in uns“: So managen Sie Ihren Ärger

Die Grundlagen

„Jetzt reicht es, ich bin lange genug ruhig geblieben“, sagen Sie sich und geigen ihrem Gegenüber die Meinung. Tatsächlich vertreten wir im Alltag meist die Meinung, es gebe nur zwei Möglichkeiten, wie man sich in einer Situation, die Wut auslöst, verhalten kann, passiv oder aggressiv. Schauen wir uns beides einmal an:

Man bleibt passiv, also „ruhig“, und verzichtet auf (möglicherweise berechtigte) Ansprüche. Das kann in manchen Fällen sinnvoll sein, wenn es sich nicht lohnt, wegen einer Kleinigkeit überhaupt ein Gespräch zu beginnen.

Vielleicht kennen Sie den wunderschönen Königspalast in der spanischen Hauptstadt Madrid. Gerade zur Hauptsaison gehört das Bild der langen Warteschlange vor dem Eintritt zum gewohnten Straßenbild. Die Wartezeit kann in die Stunden gehen. Ich suche das Ende der Schlange und bin gerade mal einen Deut schneller als ein weiterer Tourist, der dadurch hinter mir zum Stehen kommt. Ich höre ihn schon fluchen und schimpfen, dann tippt er mir auf die Schulter. Wild gestikulierend vermittelt er mir, dass ich mich aus seiner Sicht vorgedrängt habe. Ich bin davor zu kontern, doch dann besinne ich mich. Vor mir stehen ca. 70 Leute – es wäre völlig gleichgültig, ob es 71 sind. Außerdem habe ich schon einen Verdacht. So lasse ihn ohne großen Wortwechsel vor. Damit hat er nicht gerechnet – er bedankt sich sogar. Es dauert noch zehn Minuten, dann stehe ich wieder an meinem Platz: Die Wartezeit war dem Mann zu lang, er verließ die Schlange. Ein Streit hätte sich hier nicht ausgezahlt und mich nur daran gehindert, diesen wunderbaren Tag in Madrid zu genießen.

Die zweite Möglichkeit: Man wird aggressiv, das heißt, man vertritt offensiv seine Anliegen und Bedürfnisse. Das Ziel ist es, sich gegen anderen durchzusetzen, „ich gegen den“, eine klassische Win-Lose-Situation. Es gibt sicherlich Situationen, wo Aggressivität sinnvoll ist, z. B., wenn man gerade Eishockey spielt oder als Polizist einer Spezialeinheit einen potenziellen Terroristen festnehmen soll. In den allermeisten Fällen in unserem normalen Alltag aber richtet Aggressivität mehr Schaden an, als sie nützt.

Die meisten Menschen wissen das natürlich, dennoch fällt es häufig schwer, auf aggressive Verhaltensweisen zu verzichten. Warum? Aggressiv sein ist sehr leicht. Man muss endlich einmal auf niemanden Rücksicht nehmen. Man kann sich quasi austoben. Wir alle treffen immer wieder auf Menschen, bei denen Aggressivität zur Kommunikationskultur gehört.

Erinnern Sie sich an den schwierigen Kollegen, bei dem selbst ein harmloser Tratsch über das Wetter zu einem Konflikt führt. Wie geht man mit solchen Leuten um? Leider gibt es hier keinen Königsweg, der einfach hilft. Tatsächlich ist es am besten, sie zu meiden, so gut es geht – was die meisten Menschen ja dann auch machen. Das sagt uns aber auch schon einiges über die Wirkung von Aggressivität. Aggressive Menschen setzen sich zwar vermeintlich eher durch, aber sie werden eben auch eher gemieden, ihnen wird eher nicht die Wahrheit gesagt. Mit vertrauensvollen Beziehungen tun sie sich schwer, denn Menschen fühlen sich aggressiven Personen weniger verpflichtet.

Es gibt neben Passivität und Aggressivität aber auch noch einen dritten und vielfach besseren Weg, mit Konflikten und wütenden Menschen umzugehen, nämlich die Selbstbehauptung.[34] Hier geht es darum, die eigenen Bedürfnisse, Ansprüche und Rechte klar zu artikulieren, ohne dabei das Gegenüber abwerten oder beleidigen zu müssen. Das heißt, die eigenen Gefühle und Perspektiven sind genauso wichtig wie die des anderen.

Ein Beispiel: Ein Freund kommt zu Ihren Treffen immer zu spät. Sie müssen jedes Mal warten. Das ärgert sie, weil sie mit der Zeit etwas Sinnvolleres machen könnten. Außerdem signalisiert Ihnen das Zuspätkommen, dass Sie für den anderen nicht wichtig genug sind. Die passive Lösung ist, Sie fressen den Ärger in sich hinein, bleiben zwar ruhig, aber ärgern sich jedes Mal. Aggressiv wäre, den Freund zur Rede zu stellen, ihm Vorwürfe zu machen, zu schreien, beleidigt die Situation zu verlassen oder Ähnliches.

Selbstbehauptung kennt zwei Varianten fokussiert auf die eigenen Bedürfnisse, ohne die des anderen zu verletzen. Variante 1: Sie erklären Ihrem Freund, warum es so unangenehm ist, wenn Sie immer auf ihn warten müssen, und bitten ihn schon im Vorhinein, beim nächsten Mal pünktlich zu sein. Variante 2: Sie rechnen ohnehin mit seinem Zuspätkommen und kommen dann einfach selbst ein paar Minuten zu spät.

Wer die eigenen Bedürfnisse gut artikuliert, macht sich manchmal angreifbar, Wut und Ärger haben aber dadurch gar nicht die Möglichkeit, sich dauerhaft festzusetzen. Wie in der Medizin ist auch bei der Wut Prävention die beste Lösung.

Vorbeugen ist besser als heilen

Als Sabine am Abend nach dem Kindergeburtstag ihren Wutanfall bekommt, hat sich so viel aufgestaut, dass sie einfach nicht mehr anders kann. Doch der reinigende Sturm bleibt aus. Ihr Mann fühlt sich überfahren, ungerecht behandelt und reagiert seinerseits mit stiller Wut. Ohne es zu wollen, vertiefen die beiden die Gräben zwischen einander, anstatt sie zuzuschaufeln und Nähe herzustellen. Es dauert Tage, bis vielleicht wieder ein halbwegs normaler Gesprächston einzieht, der geheime Groll bleibt noch lange bestehen.

Einfach auf den Tisch zu hauen kann zwar kurzfristig erleichternd sein, nachhaltig ist das nicht. Es schädigt das Vertrauensverhältnis zum anderen, schafft Distanz statt Nähe. Wie kann Sabine also die Wut zähmen, ohne die Bedürfnisse, die dahinterstehen, einfach zu ignorieren oder zu unterdrücken?

Wie sich die eigene Wut in einem Konflikt entwickelt, ist natürlich auch stark von unserem Gegenüber abhängig. Wenn jemand durch sein Verhalten unsere wunden Punkte berührt, fällt es schwer, der aufkommenden Wut zu widerstehen.

Zunächst soll es aber nicht um das Verhalten der anderen gehen, sondern darum, was Sabine und wir selbst tun können, um die eigene Wut zu zähmen. Eines der wichtigsten Elemente dabei ist es, sich selbst darüber bewusst zu sein, wann die Wut bei uns hochkocht. Welche Situationen, Personen, Erfahrungen, Gesprächskonstellationen sind ausschlaggebend dafür, dass wir wütend werden? Wenn uns das bewusst ist, können wir präventiv reagieren, indem wir solche Situationen vermeiden, umgestalten oder auch einfach beginnen, sie anders zu interpretieren.

Denken wir an nochmals an die verfahrene Situation von Sabine und ihrem Mann. Was könnten sie präventiv tun, um Wutausbrüche und schwelende Dauerkonflikte zu vermeiden?

Zunächst einmal bei sich selbst ansetzen! Sie hören Sabine schon sagen: „Bei mir ansetzen? Das Problem ist doch eindeutig mein Mann. Er benimmt sich unaufmerksam und unsensibel. Er könnte ..., er sollte lieber ...“ Ja, stimmt, er könnte sensibler sein und von selbst Hilfe und Unterstützung anbieten. Leider tut er es aber nicht, daher sollte Sabine das selbst in die Hand nehmen.

Für diese Prävention sind drei Komponenten wichtig:

Die emotionale Komponente

- Selbstanalyse: Wie fühle ich mich? Hinter der Wut stehen häufig Überforderung, Stress, Ohnmacht oder auch Angst.
- Authentische Kommunikation dieser Komponente, also nicht „Ich bin wütend und mache dir Vorwürfe", sondern „Ich bin wütend, weil ich überfordert bin und Folgendes brauche ..."

Die sachliche Komponente

- Selbstanalyse: Ist meine Wut die Folge der Überforderung? Womit bin ich überfordert? Fühle ich mich bei wichtigen Entscheidungen allein? Habe ich mehr zu erledigen, als ich schaffen kann?
- Authentische Kommunikation dieser Komponente, also „Ich habe zu viele Aufgaben und/oder zu wenig Erholungsphasen bzw. ich brauche manchmal die Meinung eines anderen, bevor ich eine Entscheidung treffe."

Die praktische Komponente

- Selbstanalyse: Was benötige ich konkret (von anderen)? Eine konkrete Handlung, einen Rat oder auch Trost?
- Authentische Kommunikation dieser Komponente, also z. B. um konkrete Unterstützung in einer schwierigen Situation bitten.

Nicht immer kann der andere, der unseren Ärger abbekommt, etwas tun. Manchmal geht es auch einfach um das eigene Stressmanagement, gerade in schwierigen Phasen Zeit für persönliche Grundbedürfnisse, aber auch für persönliche Aktivitäten einzuplanen – als wären es Termine mit anderen Personen.

Das ist natürlich kein Allheilmittel, denn der andere – in unserem Beispiel Sabines Ehemann – kann weiterhin an seinem wenig konstruktiven Verhalten festhalten. Wir können das Verhalten anderer nicht direkt beeinflussen, aber unser eigenes haben wir in der Hand.

Indem Sabine ihre Bedürfnisse und Probleme direkt artikuliert, liefert sie den Grundstein für eine kooperative Atmosphäre. Jetzt liegt der Ball bei ihrem Mann.

Wut hat eine besondere Eigenschaft. Sie basiert stark auf dem Gefühl der *wiederholten* Verletzung der eigenen Bedürfnisse: „Es ist jedes Mal das Gleiche“, „Jetzt macht er das schon wieder.“

Daher geht es bei der Wutprävention darum, alternative Handlungsstrategien zu entwickeln. Dabei werden nicht die tieferen Ursachen der Wut behoben oder Kindheitstraumata aufgearbeitet, sondern die unmittelbaren Auslöser der negativen Emotionen gedämpft.

Wutprävention heißt also, Situationen, die Wut und Ärger auslösen, schon vorab zu erkennen. Ihre Gespräche mit der Kollegin enden jedes Mal mit Ärger und Streit? Warum? Sie gehen mit den besten Vorsätzen in das Gespräch und merken, dass Sie dennoch schnell ärgerlich werden. Ihre Vorschläge werden immer abgewertet, während sich die Kollegin als tollste Mitarbeiterin darstellt. Prävention kann hier heißen:

- sich vorab Strategien zurechtlegen, mit denen Sie sich selbst während des Gesprächs beruhigen (siehe nächster Abschnitt)
- Möglichkeiten finden, längere Gespräche mit der Kollegin zu vermeiden; viele kleinere berufliche Themen müssen nicht bei langatmigen Terminen besprochen werden, sondern können schnell telefonisch gelöst werden

- sich einmal von jemandem bei einem Termin mit ihr vertreten lassen
- die inhaltliche Steuerung und das Timing im Gespräch übernehmen (mehr dazu im Abschnitt „Wichtige Gespräche führen“)

Wenn man bereits in der Situation ist, das Gespräch schon läuft und die Sticheleien Fahrt aufnehmen, ist es zu spät für Strategien und Prävention. Hier kommt der Notfallplan „Wenn der Vulkan zu rauchen beginnt“ ins Spiel.

Wenn der Vulkan zu rauchen beginnt

In der wutauslösenden Situation selbst ist es zu spät für Prävention. Jetzt braucht es andere Methoden und Wege, um das Schlimmste zu verhindern. Diese Tipps helfen dabei, die eigenen, negativen Emotionen zu dämpfen, einen wüsten Wutanfall zu verhindern und die Möglichkeit für eine positive Konfliktlösung offen zu halten.

Schau auf die Uhr!

Wut zu dämpfen bedeutet, die negative Dynamik zu stoppen, die Situation zu entschleunigen. Wie geht das? Dazu verwenden Sie Redewendungen wie „Komm doch erst mal rein“, „Erinnere mich bitte, dass wir später darüber reden“, „Ich denke über diesen Vorschlag nach und melde mich dann.“

Sei geduldig!

Oft entstehen negative Emotionen überhaupt erst aus Situationen, in denen wir warten müssen. Stellen Sie sich im Vorhinein auf eine Wartezeit ein, die ohnehin zu erwarten ist. Versuchen Sie, unerwartete Verzögerungen gelassen zu nehmen.

Geh raus!

Eine Möglichkeit, aufkommende Wut in den Griff zu bekommen, ist es, die Situation kurzfristig zu verlassen. „Ich brauche frische Luft“, „Ich gehe auf die Toilette“, „Ich muss noch den Müll rausbringen“, „Ich muss kurz telefonieren“ können Entschuldigungen sein.

Denk an die Folgen!

Denken Sie an Ihren letzten Wutanfall. Ist dabei wirklich etwas Gutes herausgekommen? Oft bereuen wir solche Situationen oder schämen uns sogar.

Sprich (leise) mit dir selbst!

Auch Selbstsuggestion wirkt. Analysieren Sie, was gerade passiert und wie Sie darauf reagieren wollen. „Der hat jetzt deinen roten Knopf gedrückt, beruhige dich“, „Akzeptiere die Situation“, „Machen wir das Beste aus der Sache“, „Es ist unmöglich, andere Menschen zu kontrollieren, aber ich kann meine eigenen Emotionen kontrollieren“, „Jeder hat seine Fehler, kein Grund, wütend zu werden“, „Ich muss nicht jeden Konflikt bis zum Schluss austragen, ich kann auch einfach gehen.“

Mach etwas Kontraintuitives!

Wünschen Sie dem Autofahrer, der Sie wüst beschimpft, eine gute Fahrt. Nehmen Sie den Partner, dessen Verhalten Sie gerade zu ärgern beginnt, in den Arm.

Geh Holz hacken!

Eine körperliche Aktivität kann Wut und Ärger abbauen. Danach sieht die Welt oft etwas anders aus und Sie sehen das Problem wieder sachlicher.

Atme tief durch!

Die Atmung kann wahre Wunder wirken. Bewusstes, ruhiges Ein- und Ausatmen hilft, emotional in der Balance zu bleiben.

Entwickeln Sie einen Wut-Kontrollplan

Wie möchten Sie mit der nächsten Situation umgehen, die Sie ärgert oder wütend macht? Machen Sie Ihren persönlichen Wut-Kontrollplan und legen Sie schon im Vorhinein fest, wie Sie reagieren möchten. Entscheiden Sie sich gleich jetzt und wählen Sie z. B. die drei Strategien, die für Sie am stimmigsten klingen. Überlegen Sie, wie die letzte Situation ausgegangen wäre, wenn Sie diese Strategien bereits angewendet hätten. Dadurch wird es Ihnen leichter fallen, automatisch die richtige Strategie zu wählen, wenn der Ärger hochkommt.

ZUSAMMENFASSUNG

Wir haben drei Grundstrategien kennengelernt, wie Menschen mit Situationen umgehen, in denen ihre Bedürfnisse verletzt oder missachtet werden und sie daher wütend werden.

Passivität bedeutet, die Verletzung zu ignorieren, ruhig zu bleiben, aber letztlich auf gerechtfertigte Ansprüche zu verzichten. Sie signalisiert dem anderem, seine Bedürfnisse seien wichtiger.

Aggressivität dagegen heißt, die eigenen Bedürfnisse gegen den anderen durchzusetzen, sie für wichtiger als die des anderen halten. Beide Strategien können manchmal auch sinnvoll sein, meistens haben sie aber negative Folgen.

Die dritte Strategie ist Selbstbehauptung, die es uns ermöglicht, unsere Bedürfnisse zu berücksichtigen, ohne notwendigerweise andere dabei zu verletzen und unseren Beziehungen Schaden zu zufügen.

Prävention ist besser als Heilung – das gilt nicht nur in der Medizin, sondern eben auch in der Wutprophylaxe. Wenn wir in unserem Alltag vermehrt darauf achten, Situationen zu schaffen, die das Entstehen von Wut unwahrscheinlicher machen, haben wir viel erreicht.

Dennoch wird die Wut nicht automatisch aus unserem Leben verschwinden. Wenn der Vulkan doch einmal zu rauchen beginnt, stehen uns einige konkrete Methoden zur Verfügung, mit denen wir solche Situationen entschärfen und uns selbst, andere und unsere Beziehungen schützen können.

Die „Feuerdrachen um uns“: So gehen Sie mit der Wut der anderen um

Viele Psychologen sehen Wut und Ärger als Probleme, die wir mithilfe des Selbstmanagements lösen können. Schließlich geht es nur darum, wie wir die Welt sehen. Doch das ist eine sehr eingeschränkte Sicht auf die Realität. Leider reicht es nicht immer, die eigenen Emotionen im Griff zu haben. Immer wieder sind wir mit dem Ärger und der Wut anderer konfrontiert. Fremden Personen können wir ausweichen, aber bei Partnern, Freunden, Kollegen, Mitarbeitern, Chefs brauchen wir ein eigenes Wut-Management.

Wut zeigt sich, das haben wir vorhin schon gehört, sehr unterschiedlich. Da ist natürlich der klassische Wutanfall, der den Ärger eindeutig ausdrückt. Aber es gibt eben auch eine Vielzahl nicht ganz so eindeutiger Wut-Verhaltensweisen. Das müssen wir berücksichtigen, wenn wir versuchen, Gegenstrategien zu entwickeln, um mit der Wut der Menschen um uns herum besser umgehen zu können.

Noch wichtiger: Verschiedene Situationen erfordern unterschiedliche Handlungsstrategien. Nicht jede Verhaltensweise passt zu jeder Persönlichkeit. Daher gilt: Sie wählen aus, Sie probieren, was für Sie persönlich funktioniert und stimmig ist.

Beispiel: Der aufgebrachte Kunde. Es ist Freitag, in wenigen Minuten werden Sie alles zusammenpacken und nach Hause gehen, um Ihr Wochenende zu genießen. Endlich! Es war eine harte Woche. Sie stellen sich schon vor, wie Sie entspannt auf der Terrasse sitzen, als das Klingeln des Telefons Sie aus Ihren Träumen reißt. Es ist Patricia, die neue Kollegin.

„Du, ich habe da einen Kunden, der sich beschweren möchte, kannst du ihn übernehmen?“ – „Ähm ... das ist eigentlich nicht mein Job, stell ihn doch zur Kundenbetreuung durch“, entfährt es Ihnen schon etwas ärgerlich. „Dort erreiche ich niemanden mehr, die sind schon alle weg.“ Sie zögern. „Na gut ... stell ihn zu mir durch.“ Patricia ist erleichtert: „Danke, das ist voll nett von dir, ich wollte nämlich gerade gehen.“

Sie merken, wie Ihr Puls steigt und Ihre Hände ein wenig zu zittern beginnen, Anzeichen für Ihre eigene Wut. Sie atmen tief durch und schaffen es, sich zu beruhigen. „Hallo ...“ – Sie kommen nicht weiter, denn Ihr telefonisches Gegenüber beginnt schon zu schimpfen: „Das ist ja hier wohl der größte Saftladen, den ich kenne! Bin ich jetzt an der richtigen Stelle? Oder müssen Sie mich nochmals weiterverbinden? Hören Sie, ich habe bei Ihnen bestellt und bezahlt – das Produkt ist immer noch nicht da!“ Sie tun, was jeder tun würde, Sie sehen im Computer nach, was los ist. Und ja, da steht „Das Produkt wurde bereits zugestellt.“

Achtung, hier halten wir einen Moment inne. Kundengespräche sind natürlich auch deshalb so schwierig, weil der Grundsatz gilt „Kunden haben immer recht“, auch wenn sie nicht immer recht haben. Das heißt, in einen Konflikt mit einem Kunden einzusteigen, ist wenig professionell. An diesem Punkt ist es wichtig, bewusst auf folgende Wut-Entschärfungsstrategie zurückzugreifen.

Die Perspektive des anderen einnehmen

Aus Ihrer Perspektive ist die Sache eindeutig. Das Ding ist verschickt und nicht mehr Ihr Problem. Doch wenn Sie diese Info so weitergeben, ist klar, was kommt. Die Wut Ihres Gegenübers wird sich verstärken, die Situation wird eskalieren. Warum? Aus seiner Sicht wird er der Lüge bezichtigt, er wird sich ohnmächtig fühlen, weil er nicht mehr weiß, wie er zu seinem Recht kommt.

Sie könnten jetzt sachlich bleiben und sagen: „Der Fehler liegt leider nicht bei uns. Ich geben Ihnen die Sendungsnummer und Sie rufen beim Lieferservice an.“ Das wäre sachlich okay – aber Vorsicht! Ihr Gegenüber ist wütend und kann daher nicht klar denken. Da wird eher etwas kommen wie „Na super, schiebt die Schuld auf wen anderen, und ich muss jetzt herumtelefonieren.“

Daher: Versuchen Sie aktiv, die Perspektive des Gegenübers einzunehmen. „Okay, ich sehe gerade, Sie haben bereits vor drei Wochen bestellt, gleich danach bezahlt und brauchen das Produkt wahrscheinlich schon sehr dringend, weil …“ Jetzt ist es wahrscheinlich, dass Ihr Gegenüber sich verstanden fühlt. Der wütende Kunde sagt vielleicht schon etwas ruhiger: „Ja, genau, das ist mein Problem, ich brauche es dringend.“

Dann kommen Sie mit Ihrer sachlichen Lösung und sagen: „Ich versuche Ihnen jetzt zu helfen, dass Sie Ihr Produkt so schnell wie möglich bekommen. Ich kann Ihnen jetzt die Sendungsnummer geben …“ usw.

Etwas anders gelagert ist das folgende Beispiel, wieder aus dem Arbeitsleben, diesmal aber mit einer Kollegin.

Beispiel: Die wütende Kollegin. Die Kollegin aus einer anderen Abteilung ist für ihre aufbrausende Art bekannt. Man versucht sie eben zu meiden, so gut es geht. Leider bringt es Ihr Job mit sich, dass Sie Richtlinien im Auftrag Ihres Chefs verfassen müssen. Vor

Kurzem hatten Sie wieder eine ausgeschickt – eine von der Sorte, die Abteilungsleiter schnell mal auf die Palme bringen.

Es kommt, wie es kommen muss. Besagte Kollegin ruft an und macht gleich ihrem Ärger Luft. „Wer hat diese sinnlose und völlig kontraproduktive Richtlinie geschrieben?“ (Sie weiß natürlich, dass Sie das waren.) „Alles, was da drin steht, ist Blödsinn, man merkt, dass bestimmte Leute null Ahnung vom wirklichen Geschäft haben ...“

Eigentlich alles, was Sie jetzt sagen, wird ihren Ärger verstärken, denn es geht ihr ja genau darum: ihn rauszulassen. Und Sie sind jetzt das – womöglich ungefährlichste – Ziel. Wie wäre es daher mit folgender Wut-Entschärfungsstrategie?

Den Wütenden ins Leere laufen lassen und Zeit gewinnen

Einer Kollegin kann man am Telefon durchaus sagen, dass sie aufhören soll zu schreien, beispielsweise: „Frau Huber, ich glaube, wir hatten bisher auch eine Gesprächsbasis, wo wir uns nicht gegenseitig anschreien mussten. Ich würde es gut finden, wenn wir dabeibleiben.“ Oder ein bisschen drastischer: „Frau Huber, ich möchte nicht, dass Sie mich anschreien, und wenn Sie das weiter tun, muss ich dieses Gespräch beenden.“

Den Wütenden ins Leere laufen zu lassen bedeutet ein ähnliches Vorgehen, wie es im Boxen gängig ist. Manche Boxer haben einen wuchtigen Schlag, der die Gegner regelmäßig ins K. o. befördert. Andere haben eine Fähigkeit, die dazu führt, dass sie extrem selten getroffen werden: Mit Leichtigkeit weichen sie den Schlägen ihres

Gegenübers aus, was den Gegner sehr viel Kraft kostet und ihn in der entscheidenden Situation wehrlos machen kann.

Die wütende Kollegin am Telefon ins Leere laufen zu lassen bedeutet z. B. zu sagen: „Das sind alles sehr wichtige Punkte, die Sie da nennen. Ich denke darüber nach und melde mich dann nochmal. Jetzt ist es gerade sehr schlecht, weil ich gleich einen Termin habe.“

Auch das wirkt gelegentlich Wunder: „Okay, ich schreibe ohnehin gerade dem Geschäftsführer eine E-Mail. Ich kann da gleich reinschreiben, dass Sie die neue Richtlinie sinnlos und kontraproduktiv finden.“

Diese Strategien wirken meist auch deshalb, weil sie den Wütenden irritieren. Jemand, der aggressiv ist und jemanden frontal angreift, rechnet mit einer bestimmten Reaktion, nämlich, dass der andere entweder ebenfalls aggressiv reagiert oder eingeschüchtert ist. Wut verengt die geistige Flexibilität. Damit ist es sehr schwer für einen Wütenden zu begreifen, warum sich jemand ganz anders verhält.

Es gibt aber eben auch – wie wir vorhin schon besprochen hatten – ganz andere Formen, Wut und Ärger zu zeigen oder eben nicht wirklich zu zeigen. Wir haben vorhin bei Sabines Ehemann gesehen, dass nicht jeder seine Wut offen zeigt, sondern einfach beleidigt ist – bis es dem anderen zu blöd wird und er die Initiative zur Versöhnung ergreift.

Beispiel: Die schmollende Freundin. Manchmal werden wir überraschend von uns nahestehenden Menschen gekränkt. So geht es auch Sabine:

Sie freut auf ihre eigene Geburtstagsfeier, deren Termin sie schon vor Ewigkeiten in ihre WhatsApp-Gruppe gesendet hat. Als sie ihre beste Freundin wenige Tage vor der Feier persönlich trifft, weiß diese plötzlich nichts davon und hat bereits etwas anderes vor. Was genau, lässt sich nicht herausfinden, sie muss noch etwas einkaufen für einen Grillabend. Es bleibt aber unklar, warum das gerade zu dieser Zeit sein muss.

Sabine sagt „Das ist ein runder Geburtstag." – „35 ist aber halbrund", erwidert die Freundin und stellt alles so dar, als wäre es nicht so wichtig. „Ich kann nicht immer springen, wenn es dir gerade in den Kram passt", sagt sie.

Sabine ahnt, dass hinter der Absage zur Feier etwas anderes stecken muss. Aber das Gespräch endet, ohne dass dies zutage tritt.

Möglicherweise hat Sabine ihre Freundin gekränkt, ohne es zu wissen. Vielleicht hat die Freundin andere Prioritäten, vielleicht möchte sie nicht, dass andere im Mittelpunkt stehen usw. In dieser Situation gibt es nicht die eine Methode, mit der man die Unstimmigkeit einfach aus der Welt zaubert. Dennoch kann man wieder einigen Wut-Entschärfungsstrategien folgen. Zwei bieten sich hier besonders an.

Angebote machen, um wieder in Verbindung zu kommen

An dem Punkt, wo ihre Freundin schnippisch wird, könnte Sabine fragen, was denn los ist. Es ist aber unwahrscheinlich, dass sie zwischen Tür und Angel mit der Wahrheit herausrückt. Besser ist es vielleicht, zu einem späteren Zeitpunkt nochmals mit konkreten Angeboten Kontakt aufzunehmen, z. B. dass Sabine sich freuen würde, wenn sie – gern auch später, wenn sie alles erledigt hat – noch zu der Feier dazukommt. Angebote wie diese helfen, wieder in Verbindung zu kommen.

So tun, als ob

Das klingt nicht nach einer sehr guten Strategie, kann aber als Notlösung funktionieren. In vielen Partnerschaften, Freundschaften, Beziehungen zu nahestehenden Personen können nicht alle zugrunde liegenden Konflikte und Dissonanzen aus der Welt geschaffen werden. Dafür sind Menschen einfach auch zu unterschiedlich, damit muss man leben.

Wir werden das „So tun, als ob“ noch als wutentschärfende Grundhaltung kennenlernen. Die Logik dahinter ist sehr einfach: Fragen Sie sich, was Sie tun würden, wenn die Beziehung zu dieser anderen Person intakt und konfliktfrei wäre. Wenn Sie beginnen, sich so zu verhalten, z. B. freundlich und hilfsbereit zu sein, wirkt das vielleicht am Anfang gespielt, aber es ist nicht unwahrscheinlich, dass das Gegenüber darauf einsteigt und sich ebenso freundschaftlich verhält. Sie entwickeln wieder positive Emotionen im gemeinsamen Austausch, der Konflikt ist zwar nicht gelöst, wirkt sich aber nicht mehr so stark auf Ihr Verhältnis aus.

Diese beiden Strategien sind natürlich nur sinnvoll, wenn Sie selbst auch mit dieser Person in Verbindung bleiben wollen – wenn Ihnen diese Person also wichtig ist. Wenn nicht, wird es einfacher, den Kontakt zu reduzieren oder auch abzubrechen. Manchmal hilft die Funkstille sogar, den Konflikt wieder vergessen zu machen. Gerade bei losen Freundschaften kann das Sinn machen.

Großzügig sein

Vielleicht lässt sich die Sache mit der Freundin klären und Sabine erfährt, warum sie nicht zur Geburtstagsfeier kommen wollte. Sehr viel häufiger jedoch passiert das nicht, die Freundschaft oder Bekanntschaft kann aber trotzdem gut weitergehen.

Wer seine negativen Emotionen nicht ablegen kann, wird nachbohren und sein Gegenüber nicht in Ruhe lassen, bis er Gewissheit hat, warum er oder sie so gehandelt hat. Doch manchmal ist es besser, Dinge einfach auf sich beruhen zu lassen. In der Antike galt die Großzügigkeit als Tugend, die eine gute Balance zwischen den Extremen Geiz und Verschwendungssucht herstellt. Das gilt für materielle Dinge, aber eben auch für emotionale Angelegenheiten gleichermaßen.

Großzügigkeit heißt hier, die Ecken und Kanten einer anderen Person zu akzeptieren, auch wenn man deren Verhalten nicht immer nachvollziehen kann. Vieles lässt sich auch deshalb nicht klären, weil wir es nicht nachvollziehen können, weil wir eben anders denken und handeln als andere.

ZUSAMMENFASSUNG

Die Feuerdrachen um uns zu zähmen, ist eine ähnliche Herausforderung, wie die Wut ins uns selbst in den Griff zu bekommen. Es hilft, Verständnis dafür zu entwickeln, warum eine andere Person wütend ist. Verständnis heißt nicht, den Wutanfall eines anderen gutzuheißen, aber den Ärger grundsätzlich nachvollziehen zu können („Sie würden xy dringend brauchen, weil …“, „Du bist gekränkt, weil …“).

Schnelle Kommunikation verstärkt die negativen Emotionen. Auf diese Art ist es schwierig, aus dem Kreislauf von Angriff und Gegenangriff auszusteigen. Daher kann eine Strategie, die bei Konflikten generell nützlich ist, auch in akuten Wutsituationen wirksam sein, nämlich das Gespräch zu verlangsamen und Zeit zu gewinnen.

Noch schwieriger ist die Situation, wenn es um Menschen geht, denen wir nahestehen. Bei Partnern, Freunden, nahestehenden Verwandten sind die Möglichkeiten zu kränken und gekränkt zu werden noch viel größer. Hier sind daher Strategien wichtig, die darauf abzielen die Beziehung wieder zu reparieren. Über den eigenen Schatten zu springen und konkrete Angebote zu machen, um die Verbindung wiederherzustellen, ist hier eine wichtige Strategie.

Bei all den konstruktiven Möglichkeiten dieses Kapitels, mit wütenden Menschen umzugehen, dürfen wir eines nicht vergessen: die eigene Position, die eigenen Bedürfnisse zu verteidigen. Treten Sie nicht von gerechtfertigten Ansprüchen zurück oder entschuldigen Sie sich nicht für Dinge, für die Sie nicht verantwortlich sind!

SO KONTROLLIEREN SIE IHRE WUT LANGFRISTIG: VERTIEFUNG

Wutauslösende Situationen besser zu meistern ist das eine. Aber um die Wut nachhaltig zu kontrollieren und unser Erleben und Verhalten insgesamt „wutreduzierter" zu machen, arbeiten wir in diesem Kapitel unter anderem an unserer Wahrnehmung, an unserer Widerstandsfähigkeit und an unserer Fähigkeit, zuzuhören und gelingende Gespräche zu führen.

Handle nie in Wut. Es bedeutet, im Sturm in See zu stechen.

Thomas Fuller

Der Wut nachhaltig Grenzen setzen

Wir haben gesehen, dass man durch geschicktes Gestalten des Alltags wutauslösende Situationen vermeiden kann. Wir können das Verhalten von anderen Menschen nicht direkt beeinflussen. Indirekt haben wir aber Möglichkeiten, indem wir bei uns selbst beginnen. Indem wir sensibler werden für unsere negativen Emotionen, lernen wir auch, besser mit ihnen umzugehen. Und wir können auch wirksamere Strategien für den Umgang mit den negativen Emotionen anderer entwickeln.

Vieles, was wir gehört haben, sind Maßnahmen, die man kurzfristig treffen kann. Die relativ leicht umsetzbar sind, um schwierige Gesprächssituationen zu entschärfen und wutauslösende Ereignisse zu vermeiden. Noch besser ist es, Strategien zu entwickeln, die langfristig und nachhaltig unseren Blick auf Ereignisse und Menschen so verändern, dass negative Emotionen wie Wut und Ärger seltener vorkommen. Und wenn sie vorkommen, sind sie nicht die Ursache für unkontrollierte Ausbrüche und eskalierende Konflikte, sondern Signale, dass etwas nicht stimmt, dass etwas getan werden muss, dass etwas in Ordnung gebracht werden muss.

Daher soll es in diesem Kapitel darum gehen, an der eigenen Haltung zu arbeiten. Dabei treffen wir zwei Fliegen mit einem Schlag: Es wird uns helfen, den eigenen Ärger, die eigene Wut besser zu verstehen und zu kontrollieren – und auch die negativen Emotionen der anderen. Im ersten Schritt betrachten wir nochmals die eigene Wut. Nicht wie wir besser mit ihr umgehen oder als etwas Negatives, sondern zunächst einmal wertschätzend und unvoreingenommen. Wie einen Freund, der uns eine unangenehme Wahrheit ehrlich ins Gesicht sagt, nicht, um uns zu verletzen, sondern um uns zu schützen.

Analyse #1: Die eigene Wut verstehen

Manchmal, wenn wir wütend werden, trifft uns die Wut selbst. Wir ärgern uns über unser eigenes Verhalten, dass uns bestimmte Dinge immer wieder passieren usw. Wir geben uns selbst die Schuld, dass wir bestimmte Ziele nicht erreichen. Wir fühlen uns vielleicht unfähig und dumm.

Häufig richten sich Wut und Ärger gegen andere Menschen, gegen das, was andere falsch gemacht haben und wie sie uns damit schaden. Für negative Ereignisse in unserem Leben werden andere verantwortlich gemacht. Das schützt zwar unser Ego besser, als wenn wir uns selbst die Schuld geben würden, weil wir uns dann nicht verantwortlich fühlen müssen. Das Phänomen ist aber dasselbe. Es macht uns hilflos – und wütend. Hier geht es meist weniger um Wutanfälle als um eine grundlegende Wut, die wir ständig mit uns herumtragen.

Damit sind wir bei einem Phänomen, das wir schon einmal angesprochen haben. Wut ist eine Emotion der Ohnmacht, der mangelnden Kontrolle, des Ausgeliefertseins. „Ich kann an dieser Situation nichts ändern, aber der andere kann das sehr wohl", könnte hier der Leitsatz sein.

Man fühlt sich machtlos und ohne Kontrolle über sein Leben, obwohl das nicht so ist. Die Psychologen nennen das „erlernte Hilflosigkeit". Weil man die Erfahrung gemacht hat, dass die eigenen Bemühungen nicht belohnt werden und keinen Erfolg bringen, gewinnt man die Überzeugung, dass die eigene Anstrengung nutzlos ist. Man kann die Situation ohnehin nicht ändern, man wird passiv, lässt alles mit sich geschehen. Wir lernen negative Situationen zu akzeptieren, uns mit Verhältnissen zu arrangieren, die unseren Bedürfnissen zuwiderlaufen, in Partnerschaften, Freundschaften, im Job. Sehen wir uns wieder Sabine an:

Sabine tut sich (wie viele von uns) schwer, Nein zu sagen. Am Arbeitsplatz bekommt sie regelmäßig Aufgaben, die andere nicht machen wollen. Während die Kollegen sich weiterbilden und weiterentwickeln, sich spezialisieren, bleibt sie das „Mädchen für alles" – nicht gerade ein Karrieremotor.

Ihren Kollegen fällt das gar nicht auf. Sabine macht brav ihren Job. Erst wenn sie nach Hause kommt, merkt sie, dass sie wegen jeder Kleinigkeit „übergeht". Leidtragende sind dann Familie und Freunde, obwohl das Problem, die eigentliche Bedürfnisverletzung in der Arbeit liegt.

Um die eigene Wut zu verstehen, geht es zunächst darum zu klären, woher sie überhaupt kommt, wo sie „hingehört". Sabine könnte sich an den folgenden Leitfragen orientieren, um ihre Wut richtig einzuordnen. Genau das können Sie jetzt auch. Fragen Sie sich:

1. Nach welchen Ereignissen werde ich wütend oder ärgerlich?
Am leichtesten können Sie diese Frage beantworten, wenn Sie einen Zeitraum im Blick haben. Sie könnten z. B. an Situationen der letzten Woche denken. Greifen Sie dann eine typische Wutsituation heraus und fragen Sie sich:

2. Was macht mich in dieser Situation wütend?
Was löst die Wut aus? Sind es bestimmte „Hinweisreize" (Ihr Partner legt den Schlüssel an die falsche Stelle), eine bestimmte Wortwahl, der Tonfall ihres Gegenübers oder eine stressende Situation, die gar nicht durch eine Person verursacht wird? Was war vor dieser Situation, an diesem Tag oder in dieser Woche? Ist die Situation der Grund oder nur der Auslöser für die Wut?

3. Was denke ich in dieser Situation? Welche Gefühle kommen in mir hoch?
Wie funktionieren Sie in so einer Situation? Was besänftigt Sie, was macht alles nur schlimmer, was beruhigt Sie?

4. Was liegt meiner Wut zugrunde?
Welche meiner Bedürfnisse, Ziele, Prioritäten wurden verletzt?

Analyse #2: Die Wahrnehmung schärfen, Wutauslöser erkennen

Ich bin ein mäßiger Heimwerker, aber ich tue mein Bestes. So verbringe ich diesen Samstagvormittag mit dem Zusammenbauen eines Bettes, das – wie praktisch – geliefert wurde. Leider eben in Einzelteilen, aber das kann ja kein großes Problem sein. Ich arbeite so dahin, habe alle Teile schön nach ihrem Bestimmungsort sortiert und Schrauben, Nägel, Dübel nach Arbeitsschritten zurechtgelegt. Das halbe Bett ist montiert, bis mir schließlich klar wird, dass hier irgendwo ein Teil fehlt. Ich suche alles ab, vergleiche jedes Teil nochmals mit der Anleitung, suche schließlich in den Kartons, im Vorzimmer, vor der Wohnungstür (vielleicht habe ich es ja beim Hineinräumen vergessen) – nichts. Das Ding fehlt. Ich schnaube, werde zunehmend ärgerlich. Die haben das vergessen. Gibt's ja nicht.

Wahrnehmen statt bewerten – natürlich gibt es das: dass, wenn jemand etwas einpackt, auch etwas einmal vergessen wird. Ich bin nur deshalb so fassungslos, weil es jetzt umständlich wird – und zwar für mich. Ich habe mir den freien Tag reserviert, um das Bett zusammenzubauen. Jetzt steht das halbe Bett im Schlafzimmer und es geht nicht weiter. Ich finde zunächst gar keine Telefonnummer, dann doch. Die Dame am Telefon erklärt mir ganz routiniert, was in „so einem Fall" zu tun ist. Alles zurückschicken und neu bestellen. Wie jetzt – soll ich jetzt alles wieder abbauen? Ich brauche nur ein Brett.

Die Dame hat dennoch keine andere Antwort für mich. Das regt mich noch mehr auf, aber es hilft nichts. Ich werde laut, weil ich mich hilflos fühle, vor allem deshalb, weil mein Problem niemanden wirklich interessiert.

Wir sind es gewohnt, schnell zu bewerten. Jemand hat einfach etwas vergessen? Oder einfach einen Fehler gemacht? Nein, das ist Dummheit, womöglich sogar eine Verschwörung gegen mich. Beim Bewerten ist alles schwarz oder weiß. Etwas oder jemand ist gut oder schlecht, ein Kind ist brav oder schlimm. Jemand ist sympathisch oder unsympathisch, freundlich oder unfreundlich. Zwischentöne gibt es nicht.

Solche Bewertungsprozesse sind quasi in unsere DNA eingebrannt. Das hat gute Gründe. Für unsere Vorfahren war es überlebenswichtig, Situationen richtig zu bewerten. Stellt etwas eine Gefahr dar oder bin ich sicher? Für Zwischentöne oder genauere Analysen blieb da keine Zeit. Zaudern und Zögern hätte tödlich sein können. In unserer modernen Gesellschaft jedoch sind Situationen nur noch in Ausnahmefällen so dramatisch.

Und so machen uns voreilige Bewertungen nicht selten das Leben schwer. Aus unseren voreiligen Urteilen über andere Personen und Sachverhalte werden schnell handfeste Vorurteile. Und so machen wir systematisch Fehler bei der Bewertung von Situationen.

Besonders deutlich wird das beispielsweise bei der Beurteilung von Ursachen für Fehler bzw. für Schuld. Wir schätzen unsere eigene Verantwortung bei Fehlern systematisch niedriger ein, als wenn der gleiche Fehler jemandem anderen passiert. In unserem Fall sind die Umstände schuld („Das kann ja passieren"), im Fall einer anderen Person liegt es an ihr („Weil du immer so ungeschickt bist").

Negative Emotionen entstehen nicht selten daraus, weil wir voreilig schlussfolgern und unsere Bewertungen auf der Basis von unvollständigen Informationen vornehmen. Weil wir vorschnell die Welt in Gut und Böse, in Schwarz und Weiß einteilen.

Die eigenen Bewertungsmuster erkennen

Wenn wir etwas falsch machen, tendieren wir dazu, die Situation verantwortlich zu machen. Wir können ja nichts oder nicht viel dafür, wenn die Rahmenbedingungen so oder so sind, wenn der Chef sich auf diese Weise verhält, wenn der Partner oder Freund schon wieder ... usw. Wir bewerten also eher external. Wenn wir selbst Erfolg haben, war es natürlich unsere Leistung, wir bewerten dann gern internal. Wenn andere etwas falsch machen, machen wir meist nicht die Situation dafür verantwortlich, sondern die Person, geben also auch eine internale Bewertung ab.

Jetzt geht es nicht darum, sich selbst ständig für alles verantwortlich zu machen und von Selbstzweifeln zerfressen zu werden. Nein, das Ziel wäre hier, mit unseren Mitmenschen etwas nachsichtiger zu werden – mit dem sehr egoistischen Ziel, unsere eigenen Nerven zu schonen.

Wie oft kommt es vor, dass Sie beim Fehler eines anderen etwas denken wie „Ist der unfähig!“ Überlegen Sie: Welche Überzeugungen, Einstellungen und Menschenbilder liegen solchen Bewertungen zugrunde?

Denken Sie in der Tiefe Ihres Herzens, dass Menschen faul und unfähig sind und man sie zu allem zwingen muss? Was ist die Konsequenz daraus? Ärger bei Ihnen, Bestrafung für den anderen? Welche emotionalen Folgen hat das für *Sie*?

Drehen wir es um: Bis zu einem gewissen Grad haben wir Einfluss auf unsere Bewertungen. Ich erinnere mich an einen Nachmieter, der so freundlich war, meine Post aufzuheben. Ich hatte beim Postamt den kostenpflichtigen Nachsendeauftrag vereinbart, leider wurde meine Post aber weiterhin an die alte Adresse geschickt. Ich bedankte mich beim Nachmieter, der mir meine Briefe aushändigte, nicht ohne eine abwertende Bemerkung zum hiesigen Postwesen zu machen. Seine Reaktion gab mir zu denken. „Ach, wissen Sie, Menschen machen Fehler, das kommt vor – kein Problem. Wenn wieder etwas kommt, rufe ich Sie an."

Gut, könnte man jetzt sagen, sind ja auch nicht seine Briefe. Ja, aber ist das nicht genau jene Erklärung, der ein nicht ganz so positives Menschenbild zugrunde liegt? Die eben dazu führt, dass ich mir gleich wieder eine negative Einstellung zu meinem Nachmieter bilde? Nach dem Motto „Der hat leicht reden" ärgere ich mich gleich wieder. Immerhin nimmt er meine Bedenken nicht ernst.

Schauen wir uns an: Was ist sein Menschenbild? Welche Überzeugungen könnten dahinterstehen? Dass sich Menschen bemühen, aber eben auch Fehler machen. Dass eben nicht immer alles funktioniert, nicht immer alles nach Plan läuft, das gehört eben dazu. Halb so wild. Die Bewertung meines Nachmieters fiel bei Weitem nicht so schlecht aus wie meine.

Denken wir das noch weiter: Welche Emotionen sind damit verbunden? Wer die Dinge so sehen kann, ist sicherlich gelassener, mehr im Gleichgewicht, muss sich womöglich seltener ärgern und ja – wird wohl auch seltener wütend.

Um die Wahrnehmung zu schärfen und Wutauslöser zu erkennen helfen uns also die folgenden Orientierungsfragen:

- Welche Überzeugungen liegen meinen Bewertungen im Alltag zugrunde? Welches Menschenbild steckt dahinter? Ist es eher negativ gefärbt, von Misstrauen und Geringschätzung geprägt? Oder eher positiv, von Vertrauen und Wertschätzung?
- Welche Folgen hat das für die konkrete Bewertung von Situationen, von anderen Menschen?
- Welche emotionalen Folgen hat das für mich, welche für die Beziehung zu anderen Menschen?
- Welche alternativen Bewertungsmöglichkeiten wären möglich?

Überzeugungen sind nicht so leicht zu ändern. Unsere Einstellungen sind häufig stabiler, als uns lieb ist. Dennoch können uns diese Orientierungsfragen helfen, unsere Wut besser zu verstehen. Wenn wir uns über alternative Bewertungsmöglichkeiten klarwerden, gewinnen wir Handlungsoptionen.

Ich habe mir nach meinen „Brief-Erlebnis“ vorgenommen, ein bisschen mehr vom Bewertungsmuster meines Nachmieters anzunehmen und mich mehr in Nachsicht zu üben, wenn etwas schiefläuft. Dafür ist es auch wesentlich, jene Situationen zu identifizieren, in denen diese negativen Bewertungen hauptsächlich entstehen. Bei mir sind das Situationen wie:

- auf etwas warten müssen, z. B. in der Schlange stehen
- wenn etwas nicht wie vereinbart eintritt
- wenn etwas kaputtgeht oder nicht funktioniert, was gerade gekauft oder gerade repariert wurde
- wenn jemand etwas von mir möchte, wenn ich gerade im Stress bin

Und wie ist das bei Ihnen? Welche Situationen führen bei Ihnen zu negativen Bewertungen und dann schließlich zu Ärger und – möglicherweise – sogar zu Wut?

Wer diese Situationen kennt, erkennt sie auch, wenn sie eintreten. Und kann mithilfe von „Meta-Talk“ bei sich selbst „eingreifen“. „Meta-Talk“ ist eine Art Selbstgespräch über sich selbst. Nach dem Motto:

- Aha, das ist jetzt so eine Situation. Ich ärgere mich, weil ...
- Was hatte ich mir da vorgenommen?
- Ja, genau, so schlimm ist der Fehler auch wieder nicht – so etwas ist mir selbst auch schon passiert.
- Was kann ich selbst tun, um das Problem zu lösen?

Die Wahrnehmung zu schärfen, Bewertungen zu entschärfen, kann helfen, unsere Wutauslöser in den Griff zu bekommen. Eine Eigenschaft, die uns dabei helfen kann, ist die Widerstandsfähigkeit. Je stärker sie ausgeprägt ist, desto weniger lassen wir uns z. B. von Konfliktsituationen aus der Ruhe bringen. Wie Sie die Widerstandsfähigkeit kultivieren, darum wird es im nächsten Abschnitt gehen.

Anti-Wut-Methode #1: Widerstandsfähigkeit kultivieren

Es ist eine klassische Frage, die Bewerbern gerne gestellt wird: „Wie gehen Sie mit Konfliktsituationen um? Was machen Sie, wenn ein schwieriger Kunde anruft?“ – „Wissen Sie“, antwortet mir eine Kandidatin, „meine Kollegen tun sich sehr schwer, damit umzugehen, wenn sie kritisiert oder verbal angegriffen werden. Ich nehme das nicht persönlich, ich weiß: Der meint ja nicht mich, sondern meine Funktion. Ich selbst bin nicht der Grund für die Beleidigung. Ich bleibe da ruhig und wir finden eigentlich immer eine Lösung.“

Es ist leichter, ruhig zu bleiben – auch in Konfliktsituationen – wenn man „widerstandsfähiger“ ist. Das bedeutet nicht, wie viele glauben, mehr Durchsetzungsfähigkeit oder Aggressivität. Es bedeutet vor allem, manches nicht so nah an sich heranzulassen. Wie eine Festung, die noch einen mit Wasser gefüllten Graben zwischen dem Angreifer und der Burgmauer hat. Das verschafft Sicherheit.

Widerstandsfähigkeit oder auch Resilienz, wie Psychologen das nennen, zeichnet sich aber auch noch durch andere Eigenschaften aus. Es ist weit mehr als nur eine Technik, es ist eine Haltung zum Leben.

Doch von vorn. Wut kann als Lernprozess verstanden werden. Wiederholtes Erleben von Ungerechtigkeit, Hilflosigkeit und Ohnmacht – das haben wir bereits festgestellt – führt dazu, dass bestimmte Situationen unsere Wut auslösen. Welche Situationen das sind, ist recht unterschiedlich. Wie wir sie für uns persönlich identifizieren, haben wir in *Analyse #1: Die eigene Wut verstehen* besprochen. Doch nur, weil wir die Situationen kennen, hat sich noch nichts verändert. Gut, wir haben den Wut-Kontrollplan, der uns hilft, wenn die Wut hochkommt. Doch die Widerstandsfähigkeit ist es, die bewirkt, dass die Wut viel weniger Angriffspunkte in uns findet.

Was sind die Zutaten dafür? Zunächst brauchen wir dazu eine Menge Frustrationstoleranz. Das heißt, wenn etwas schiefgeht, nicht die Nerven zu verlieren, sondern dranzubleiben. Vom englischen Politiker und Schriftsteller Winston Churchill stammt das sinngemäße Zitat „Erfolg ist die Fähigkeit, von einem Misserfolg zum anderen zu gehen, ohne seine Begeisterung zu verlieren“.[35] Was zählt, ist also nicht, was bei unseren Bemühungen herauskommt, sondern der Mut weiterzumachen.

Schwer genug. Beständige Misserfolge drücken die Stimmung und führen leicht dazu, dass wir das Gefühl haben, unsere Anstrengungen, unser Engagement bewirkt nichts. Der Psychologe Martin Seligman entwickelte für dieses Phänomen das Konzept der „erlernten Hilflosigkeit“[36] – wir haben es vorhin schon angesprochen. Das heißt: Wir „lernen“ im Laufe unseres Lebens, dass unsere Handlungen nicht erfolgreich sind, nichts bewirken. Dies führt zunächst zu Wut und Trotz, dann in letzter Konsequenz zu Depression und Apathie.

Viele dieser kleinen „erlernten Hilflosigkeiten“ rühren aus der Kindheit oder der Schulzeit, wo uns bestimmte Glaubenssätze über uns vermittelt wurden. Zum Beispiel:

- Ich kann nicht zeichnen.
- Ich kann nicht singen.
- Ich habe zwei linke Hände.
- Ich kann nicht kochen.

Wenn wir diese Dinge lernen, beginnt es meist mit Misserfolgen und Rückschlägen. Dafür brauchen wir die Frustrationstoleranz. Wenn es uns gelingt, die damit verbundenen Ängste zu bezwingen, können wir auch alte Glaubenssätze durchbrechen.

Doch für echte Widerstandsfähigkeit brauchen wir noch mehr als das. Stellen Sie einen unterlegenen Boxer vor, der zwölf Runden lang ständig getroffen wird, aber einfach so viel einstecken kann, dass er nicht k. o. geht. Aber ist es das wert? Einen hoffnungslosen Kampf zu kämpfen? Hier kommt nochmal Churchill ins Spiel. Er sagt: trotz Misserfolgen die Begeisterung nicht verlieren. Was er damit meint: Man braucht eine Prise Hoffnung.

Das österreichische Dörfchen Marienthal erlangte durch die gleichnamige Studie aus der Zwischenkriegszeit Berühmtheit. Die Sozialpsychologin Marie Jahoda untersuchte die mentalen Auswirkungen der dortigen Massenarbeitslosigkeit. In Marienthal wurden durch die Schließung einer Fabrik fast alle Erwerbstätigen arbeitslos. Das Ergebnis war eine resignierte Gemeinschaft. Die meisten hatten das Gefühl, nichts gegen ihre schlimme Situation tun zu können. Nur eine kleine Gruppe bildete die Ausnahme: 16 Prozent der Bevölkerung waren „ungebrochen".[37] Diese Gruppe versuchte weiterhin ihre Aktivitäten aufrechtzuerhalten, kümmerte sich unvermindert um neue Arbeit. Mit einem Wort: Die Gruppe gab nicht auf und hatte trotz der misslichen Lage Hoffnung.

Hoffnung ist auf die Zukunft gerichtet, im Sinne von „Es kann auch etwas Gutes passieren", und ist damit ein zentraler Baustein für eine Haltung der Widerstandsfähigkeit.

Die Autorin Barbara Pachl-Eberhart kann sehr authentisch über Hoffnung berichten.[38] Ihr ist das passiert, was man einen realen

Alptraum nennen kann. Ihr Mann und ihre beiden Kinder kamen bei einem Autounfall ums Leben. Dieses Ereignis und seine Folgen hat sie in ihrem Buch „Vier minus drei“ aufgearbeitet. Hoffnung und eine positive Grundhaltung ziehen sich durch ihre Aussagen und Texte.

Darin findet sich ein sehr wichtiger Gedanke: Wut kann eine Vorstufe zur Hoffnung sein. Verbinden wir das mit dem, was wir vorhin gehört haben. Seligman sagt mit seiner „erlernten Hilflosigkeit“, dass bei Kontrollverlust zunächst Trotz, Ärger, Wut entstehen, erst dann Apathie und Depression. Solange also noch die Wut da ist, besteht Hoffnung, dass die Zukunft doch etwas anderes bereithält.

In einem Interview sagt Barbara Pachl-Eberhart, hoffen heißt, „dem Leben, den Menschen und auch sich selbst jeden Tag wirklich eine neue Chance zu geben“ und dass man „das Ergebnis der inneren Hochrechnungen nicht für die einzig mögliche Wahrheit“ halten solle. Was wir für das Ende halten, eine Krise, eine Krankheit, auch der Tod – es ist kein wirkliches Ende. Pachl-Eberhart: „Das, worum es wirklich geht, im tiefsten Sinn, geht nie vorbei.“ Die Beziehung zu ihrer toten Familie ist nicht zu Ende, sie ist nur verändert![39]

Damit kommen wir zu unserer nächsten Zutat der Widerstandsfähigkeit, dem Sinn. In meinem Buch „Die Seele auf Sinnsuche“[40] habe ich ausführlich darüber berichtet, wie wichtig Sinnzusammenhänge, eine sinnvolle Lebensgeschichte sind. Ich habe geschildert, dass es wesentlich ist, die Bedeutung des Lebens *außerhalb* der eigenen Person zu sehen. Nur so sind wir in der Lage, tatsächlich mit der Welt, mit anderen Lebewesen, den Dingen um uns herum *aktiv* in Beziehung zu treten.

Der Soziologe Aaron Antonovsky hat den sogenannten Kohärenzsinn beschrieben und wissenschaftlich untersucht. Der Kohärenzsinn besteht aus drei Elementen: Verstehbarkeit („Die Ereignisse in meinem Leben sind für mich nachvollziehbar, ich verstehe ihre Ursachen"), Handhabbarkeit („Ich fühle mich in der Lage, mit schwierigen Situationen umzugehen") und Bedeutsamkeit („Das Leben ist vielleicht nicht immer schön, aber es ist dennoch sinnvoll"). Je mehr Sie diesen drei Elementen folgen können, desto besser ist Ihr Umgang mit Stress, und ja, Stress und Wut sind enge Nachbarn!

Das aktive In-Beziehung-Treten mit der Welt hilft also, die mentale Widerstandsfähigkeit zu erhöhen. Damit das aber auch gelingt, braucht es eine Haltung der Offenheit – darum geht es im nächsten Abschnitt.

ZUSAMMENFASSUNG

Bei der Widerstandsfähigkeit geht es darum anzuerkennen, dass es eben auch vieles gibt, was nicht schön ist oder Spaß macht – dennoch ist das Leben lebenswert! Widerstandsfähigkeit heißt nicht, dass man alles ohne Klagen erdulden muss, sondern dass man gelassener mit den „Auf-und-Abs" des Alltags umgeht.

Anti-Wut-Methode #2: Empathische Offenheit zeigen

Laozi ist jener mythenumwobene östliche Philosoph, dem wir angeblich das Tao-Te-King, die heilige Schrift des Taoismus, zu verdanken haben. Seine Ideen sind für uns im Westen oft kaum greifbar, viele Gedanken bleiben vollkommen rätselhaft. So auch sein *wu wei*, für das es keine wirklich brauchbare Übersetzung gibt. „Nichtstun" bedeutet bei uns eher Faulsein, Untätigkeit, vielleicht noch Entspannung, Urlaub. Doch eigentlich geht es vielmehr darum, die eigenen Aktivitäten in Einklang mit der Umwelt zu bringen. Im Einklang zu sein mit der Umwelt bedeutet, offen zu sein für das, was um uns herum vorgeht.

Wenn wir das auf unsere Wut-Thematik übertragen, können wir mit dieser Grundhaltung der empathischen Offenheit Gesprächssituationen bewusster gestalten.

Offenheit ist in der Psychologie eines von fünf Persönlichkeitsmerkmalen. Eine Person mit einer starken Ausprägung dieses Merkmals ist Neuem gegenüber aufgeschlossener. Sie hat vielleicht weniger Geduld für Routineaufgaben, entwickelt lieber kreativ etwas Neues. Sie verfügt über hohe Sensibilität den eigenen Gefühlen sowie den Emotionen anderer gegenüber.

Man muss nicht gleich die Persönlichkeit wechseln, um sich ein paar dieser Merkmale zu eigen zu machen und die eigene Haltung damit zu verändern. Was kann empathische Offenheit verändern?

Mit negativen Emotionen im Bauch tendieren wir eher dazu, in einer Gesprächssituation den anderen überreden zu wollen, ihm unsere Meinung um jeden Preis aufzuzwingen. Das korrespondiert mit der aggressiven Herangehensweise an ein Gespräch, wie wir es vorhin gehört haben. Wir wollen uns durchsetzen und gewinnen. Vielleicht gewinnen wir, vielleicht verlieren wir. Aber eigentlich ist es wie im Krieg – alle verlieren, weil wir alle Opfer bringen müssen. Unser „Gegner", weil er verliert – und wir selbst verlieren Glaubwürdigkeit, die Beziehung zur anderen Person nimmt Schaden.

Ein Beispiel. Etwas beschämt denke ich an meine ersten „Gehversuche" als Dozent in der Gesundheits- und Krankenpflegeschule zurück. Gerade frisch von der Uni wollte ich den Jugendlichen alles vermitteln, was ich über Psychologie so wusste – und überforderte sie damit. Ich war nur ein paar Jahre älter als sie selbst, wurde also nicht gerade als Autoritätsperson wahrgenommen. So trafen manche Schülerinnen und Schüler nicht immer den richtigen Ton oder „störten" den Unterricht.

Ich wusste nicht recht, was ich tun sollte, und griff wie viele unerfahrene Lehrende auf autoritäre Maßnahmen zurück. Ich dachte: Jetzt muss ich stark auftreten und durchgreifen. Ich bestrafte Jugendliche (ich nannte es nicht so, aber es trifft wohl am besten), indem ich ihnen Zusatzaufgaben gab und ein System mit Plus- und Minuspunkten einführte. Und ja, das wirkte! Aber es hatte einen Preis. Ich spürte sofort, dass damit das Vertrauensverhältnis und die offene Diskussionsbasis erschüttert waren. Manche, die voll mitgemacht hatten, verabschiedeten sich innerlich von meinem Unterricht und sagten nichts mehr.

Für mich war es eine wertvolle Erfahrung, denn sie zeigt, wie man mit Aggressivität und Durchsetzungsfähigkeit zwar zunächst ein Ziel erreicht, aber auch langfristige Schäden anrichtet, die nicht mehr oder nur mit großem Aufwand wieder gut zu machen sind.

Was ist in dieser Situation das eigentliche Problem, wie könnte man es mit einer Haltung der empathischen Offenheit besser lösen? Schauen wir uns die Sache genauer an.

1. Ich halte einen Vortrag oder führe gerade ein Gespräch mit mehreren Personen.
2. Die Zuhörer beginnen zu plaudern oder zu kichern, während ich mich gerade bemühe, einen wichtigen und komplexen Sachverhalt zu erklären.

Was tun? Lehrende haben meist ein recht eingeschränktes Verhaltensrepertoire. Jeder von uns kennt es aus seiner eigenen Schulzeit. Im Prinzip geht es darum, die „Ruhe“ wiederherzustellen mit einem freundlichen „Pssst, jetzt sind alle wieder leise“ bis hin zu einem wütenden „Haltet die Klappe!“

Hier kommt die empathische Offenheit ins Spiel. Mit dieser Grundhaltung ist Bestrafung oder hartes Durchgreifen, wie ich es in meinem eigenen Beispiel geschildert habe, wohl kaum eine Option. Empathische Offenheit heißt hier, nicht nur die inhaltlichen Komponenten eines Gesprächs oder in diesem Fall des Unterrichts konzentriert zu verfolgen, sondern auch die emotionalen und sozialen Signale bei sich und bei den anderen zu erkennen.

Aus 2. folgt, dass ich mich beginne zu ärgern (emotionales Signal). Warum? Ich bemühe mich, strenge mich an für jemand anderen und werde ignoriert. Ich empfinde das als Geringschätzung, streng genommen bin ich einfach gekränkt. Gleichzeitig kann ich mich nicht gut konzentrieren, während jemand anderer gleichzeitig mit mir spricht.

So weit zu den eigenen Emotionen. Ich kann hier z. B. um Ruhe bitten und erklären, dass ich schlecht etwas erklären kann, wenn Menschen gleichzeitig sprechen. Könnte schon funktionieren und beschädigt sicherlich kein Vertrauensverhältnis. Aber vielleicht erkenne ich ja nicht nur die eigenen Signale, sondern auch die der anderen:

- Vielleicht ist es Zeit, eine Pause zu machen, weil die Aufnahmefähigkeit erschöpft ist?
- Vielleicht ist jemand genervt, weil er oder sie das Gefühl hat, nicht miteinbezogen zu werden?
- Vielleicht ist es an der Zeit, das Thema zu wechseln oder es durch eine Diskussion aufzulockern, um die Verbindung zu den Zuhörern wiederherzustellen?
- Vielleicht hat man einige schon inhaltlich verloren und sollte eine Zusammenfassung anbieten, um sie wieder miteinzubeziehen?
- Vielleicht hat jemand etwas Wichtiges erfahren und muss es mit jemanden besprechen? Hier könnte man anbieten, dass die Betreffenden kurz hinausgehen und das klären.
- Vielleicht ist jemandem nur langweilig, weil er sich für mein Thema einfach nicht interessiert?

Empathische Offenheit heißt hier schlicht, die richtigen Fragen zu stellen und zu erkennen, was *ist*. Die Lösung ergibt sich in der Situation jeweils fast automatisch. Jede dieser Situationen für sich genommen beinhaltet die Möglichkeit, seinem Ärger Luft zu machen und letztlich einen Konflikt zu beginnen. In fast allen Fällen ist das völlig unnötig.

So konstruktiv man auch sein möchte, so aufmerksam man auch ist: Es wird auch Situationen geben, wo das nichts nützt. Wenn jemand gar nicht aufhört zu sprechen, werde ich gerne leise und biete an, dass die Person vor der Gruppe als Dozent weiterspricht. Eine Bedingung habe ich dann immer – es muss zu diesem Thema sein. Bisher hat noch niemand dieses Angebot angenommen ...

Empathische Offenheit lässt sich aber nicht nur anwenden, wenn man Vortragender ist. Wir alle erleben viele Gespräche und Interaktionen am Arbeitsplatz, die sehr schnell mit negativen Emotionen enden, wenn wir nicht aktiv gegensteuern. In Organisationen, deren Unternehmenskultur weit weg von einer solchen Grundhaltung ist, kann das mitunter nicht ganz so einfach sein. Offenheit – so die Besorgnis vieler – würde bedeuten, dass man sich angreifbar macht. Dies wiederum könnte ausgenutzt werden.

Diese Sorge ist nicht unbegründet. Tatsächlich geht es hier darum, die richtige Dosis zu treffen. Wir haben ja auch im Beispiel gesehen, dass es nicht darum geht, über alle Gefühle zu sprechen und intimste Details zu verraten, sondern darum, ein Sensorium dafür zu entwickeln, welche Bedürfnisse man selbst und die anderen in einer konkreten Situation haben. So kann es uns gelingen, negative Emotionen wie Ärger und Wut wirksam zu vermeiden.

Ein Beispiel: Ein Mitarbeitergespräch, es geht darum, dass etwas schiefgelaufen ist. Sie haben sicherlich gleich eine Situation vor Augen, z. B. Chef „schimpft" Mitarbeiter nach dem Motto „So etwas darf aber jetzt nicht mehr vorkommen, Herr Müller" oder „So geht das nicht mehr weiter mit Ihnen, Herr Müller." Der arme Herr Müller kommt dabei wahrscheinlich kaum zu Wort, gerät unter Rechtfertigungsdruck. Vielleicht endet das Gespräch damit, dass er sich entschuldigt, sich kleinlaut davonmacht. Vielleicht aber auch damit, dass er wütend wird, kontert, sich ein Streitgespräch entwickelt, sich beide gegenseitig anschreien. Eine für Herrn Müller vermutlich wenig sinnvolle Option.

Empathische Offenheit lässt sich in einer solchen Gesprächssituation wunderbar nutzen, indem man das Ganze aus der Sicht von Herrn Müller betrachtet, der die schwierigere Position hat. Etwas ist schiefgelaufen, der Chef macht ihn dafür verantwortlich. Sehr oft (natürlich nicht immer) sind individuelle Fehler in Unternehmen eigentlich das Ergebnis struktureller Defizite. Werden beispielsweise wichtige Informationen nicht weitergegeben, liegt das oft daran, dass Kommunikationsabläufe nicht standardisiert sind. Das heißt, es gibt z. B. kein Übergabegespräch am Ende einer Schicht oder es wird ohne Checkliste geführt, sodass jeder jedes Mal selbst entscheidet, was wichtig ist. Ob man etwas erfährt, hängt dann davon ab, ob der andere gerade daran denkt oder ob er Lust hat.

Klar, dass genau diese Dinge dann der Anlass für Konflikte und negative Emotionen wie Ärger und Wut sind. Genau an diesem Punkt sind nun Herr Müller und sein Chef. Was ist jetzt wichtig?

Die Positionsmacht liegt beim Chef, da ist Herr Müller sozusagen der „Schwächere". In meiner langjährigen Arbeit mit Führungskräften hatte ich auch nie Positionsmacht. Ich konnte und kann eigentlich nie etwas anordnen. Daher ist eines besonders wichtig: sich immer die Gesprächsfähigkeit zu erhalten. Was heißt das? Selbst wenn die inhaltlichen Gräben tief sind, wenn man gegenteiliger Meinung ist – man bleibt mit einer gesprächsfähigen Person dennoch im Dialog. Unser Herr Müller ist vielleicht jemand, den man anruft, auch wenn man gegenteiliger Meinung ist, weil man weiß: „Mit Herrn Müller kann man reden."

Gesprächsfähigkeit entsteht dadurch, indem man sensibel dafür ist, was jemand braucht, was man selbst braucht, aber auch was der Chef braucht. In Herrn Müllers Fall ist der Chef vor allem deshalb wütend, weil er selber Angst hat, dass er wiederum von seinem Chef für Fehler verantwortlich gemacht wird.

Um ihm diese Angst zu nehmen, könnte Herr Müller das Gespräch von der Fehlersuche schnell in die Zukunft verlagern und vorschlagen, was man (inklusive er selbst) besser machen könnte. Damit gelingt es vielleicht, die Deutung dieses Fehlers als individuelles Versagen hin zum Systemfehler zu verschieben. Es ist auch für einen Chef besser, wenn er sagen kann „Da war ein Fehler, daher machen wir dies oder jenes jetzt anders" als „Da war ein Fehler, Herr Müller wurde von mir verwarnt."

Im Vieraugengespräch hat man eher die Möglichkeit, die eigene Sicht der Dinge darzulegen und nicht in die Opferrolle zu fallen, in der man sich nur verteidigt. Schildern Sie die Situation aus Ihrer Sicht. Zeigen Sie Verständnis für Ihren Chef. Manchmal ist es dann sogar möglich zu erklären, was bestimmte Anweisungen konkret im Arbeitsalltag bedeuten. Das heißt nicht, dass Sie den Chef persönlich kritisieren oder angreifen sollen. Eher so: „Wir haben ja diese neue Richtlinie, dass wir die Geräte am Ende der Schicht nochmal kontrollieren. Da fehlt uns dann oft die Zeit, dass wir eine ordentliche Übergabe machen. Vielleicht könnten wir ja ..."

Im Sinne der empathischen Offenheit gesprächsfähig zu bleiben, bedeutet hier nicht, zu rebellieren oder dem Chef zu widersprechen, mit ihm zu streiten zu beginnen. Es bedeutet, ein Gefühl dafür zu bekommen, dass man ihn mit jener Dosis der Realität versorgt, die für seine Entscheidungen wichtig sind und möglicherweise auch zukünftige Entscheidungen beeinflussen.

Hier kann man auch Emotionen ansprechen wie „Ich verstehe, dass Sie wütend sind. Das muss für Sie aussehen, als würden wir ständig

Fehler machen“ oder „Dadurch, dass keine Zeit für die Übergabe bleibt, wird am Ende alles so hektisch. Die Kollegen sind ärgerlich, die Stimmung ist dann nicht gut.“

Empathische Offenheit lässt sich nicht nur im Arbeitsleben umsetzen, sondern auch im privaten Bereich. Spulen wir ein wenig zurück: Sabines Wutanfall, dessen Folgen sich durch dieses Buch ziehen, wäre auf vielfältige Weise vermeidbar gewesen. Einiges haben wir darüber ja schon gehört. Empathische Offenheit würde hier bedeuten, dass beide Partner offen sind für die Bedürfnisse und die Gefühlslage des anderen. Keiner von den beiden müsste sich verstellen oder etwas vorspielen.

Empathische Offenheit funktioniert besser, wenn sich beide Gesprächspartner dieser Haltung verpflichtet fühlen. Es bringt aber auch schon etwas, wenn es nur einer macht. Erinnern wir uns an die Situation:

Sabines Mann kommt gerade nach Hause, seine Fragen „Wie sieht es hier denn aus? Ist das Essen noch gar nicht fertig?“ bringt schließlich das Fass zum Überlaufen. Sie schreit los: „Hast du irgendeine Ahnung, was ich hier mache?“

Offensichtlich hat er das nicht, daher könnte sie an diesem Punkt einfach schildern, was sie macht. Würde Sabine im Sinne der empathischen Offenheit reagieren, würde sie Formulierungen verwenden wie:

- *„Die letzten Gäste sind gerade gegangen, daher sind wir noch mitten im Aufräumen. Bitte …“ (Vorschlag, wie er helfen kann)*
- *„Ich bin gerade sehr gestresst, weil …“*
- *„Das war ein harter Tag, am liebsten würde ich …“*
- *„Ich weiß, dass du gerade von der Arbeit kommst und müde bist, aber …“*
- *„Ehrlich gesagt brauche ich jetzt Hilfe, weil …“*

Oft sind unsere ärgerlichen oder wütenden Reaktionen auch einfach nur der eigenen Ratlosigkeit geschuldet. Wir haben dann das Gefühl, dass wir mit dem Rücken zur Wand stehen und es keinen Ausweg, keine Alternativen gibt. Wir haben keine Vorstellung davon, wie eine Situation positiv ausgehen könnte. Menschen, die Konflikte sehr erfolgreich lösen können, scheinen immer Ideen zu haben, wie die so verfahrene Situation doch noch gut ausgehen könnte. Probieren wir das gleich aus!

ÜBUNG

Spielen Sie die Situation durch und entwickeln Sie einen alternativen Ausgang. Schreiben Sie einen fiktiven Dialog zwischen Sabine und Ihrem Mann auf. Überlegen Sie, wie Sabine im Sinne der empathischen Offenheit agieren könnte, und überlegen Sie, welche Wirkung das auf die Reaktion ihres Mannes hat.

Empathische Offenheit – die Strategien

1. Etwas einmal stehen lassen vs. jemanden um jeden Preis überreden

Wenn Sie nicht gerade in einem Redewettbewerb sind, muss es in einem Gespräch keinen Sieger geben. Es könnte sein, dass Sie zu wenige Informationen haben, dass der andere mehr weiß, dass etwas anderes aus seiner Sicht mehr Sinn macht. Finden Sie heraus, warum der Gesprächspartner anderer Meinung ist. In den meisten Fällen kann das auch so bleiben. Sie müssen niemanden überzeugen, dass Ihre Meinung „besser“ ist.

2. Ein Ziel verfolgen vs. ein Ziel erzwingen

„Noch so ein Sieg und wir sind verloren", soll König Pyrrhus nach einer Schlacht gesagt haben. Ein teuer erkaufter Sieg, bei dem der Gewinner solche Opfer aufbieten muss, dass der Erfolg eigentlich gar keiner mehr ist. Es ist gut, Prioritäten zu haben und Ziele zu verfolgen. Aber beachten Sie die Signale aus Ihrer Umwelt. Manchmal ist einfach nicht die richtige Zeit dafür. Manchmal ist es ein größerer Erfolg, ein Ziel zu verändern, als daran festzuhalten und es gegen alle Widerstände durchsetzen zu wollen.

3. Zuhören vs. selber reden

Wann haben Sie das letzte Mal wirklich zugehört? Achten Sie einmal darauf: Die meisten Menschen hören nicht richtig hin. Sie warten nur auf Stichwörter des Gesprächspartners, um dann einzuhaken und ihre eigenen Geschichten zu erzählen. Hören Sie zu, stellen Sie Verständnisfragen, fassen Sie das Gehörte aus Ihrer Sicht zusammen.

4. Dem anderen Raum geben vs. aggressive Dominanz

Zu oft halten wir Monologe und präsentieren vorgefertigte Positionen, um uns durchzusetzen. Erst wenn wir dem Gegenüber Raum geben, kommen wir überhaupt erst in ein Gespräch. Lassen wir zu, dass uns andere inspirieren, fragen wir aktiv andere um ihre Meinung – vor allem die, die sie uns für gewöhnlich nicht aufdrängen.

5. Gesprächsfähigkeit vs. Positionsmacht

Die allermeisten von uns sind keine Firmenbesitzer, keine Lenker großer Konzerne oder Ähnliches. Den meisten Menschen in unserem Leben können wir keine Anweisungen oder gar Befehle erteilen. Doch wahre Autorität und Respekt kommen ohnehin nicht davon, dass wir Positionsmacht haben. Sie kommt davon, dass wir gesprächsfähig sind. Dass Menschen auch dann das gute Gefühl

haben, mit uns reden zu können, wenn sie wissen, dass die Meinungen komplett unterschiedlich sind. Wenn ein Konflikt schon ziemlich zerfahren ist.
Gesprächsfähige Menschen halten den Dialog aufrecht, selbst dann, wenn es einmal nicht sehr aussichtsreich aussieht. Sie achten darauf, nicht persönlich zu verletzen, zu diffamieren, herabzusetzen oder zu kränken. Sie betonen das Gemeinsame und setzen es vor das Trennende.

6. Kontrollverlust akzeptieren vs. Trotz und Wut freien Lauf lassen
Es gibt Situationen, deren Ausgang nicht oder nur zu geringem Teil in unserer Hand liegt. Sie kennen das sicher: wenn etwas nicht funktioniert, obwohl man schon mehrfach darauf hingewiesen hat. Wenn sie der Erste in einer Reihe sind, der gerade nicht mehr in die Sehenswürdigkeit hineinkommt – trotz langer Wartezeit. Wir reagieren mit Trotz, wenn uns jemand unsere freie Wahlmöglichkeit nimmt.
Empathische Offenheit heißt hier: den Kontrollverlust akzeptieren. Es geht nicht darum, die Wut hinunterzuschlucken, sondern aktiv jene Optionen zu prüfen, die man eben noch selber kontrollieren kann.

7. Etwas vorspielen vs. Aufrichtigkeit
Eines gleich vorweg: Nein, es geht nicht darum, ein Wahrheitsserum einzunehmen und alles auszuplaudern, was man denkt und fühlt. Es geht darum, dass wir in Situationen, wo wir um unsere Meinung gefragt werden, wo jemand wirklich etwas wissen will, auch aufrichtig sind. Wir geben dem Freund in einem persönlichen Gespräch recht, um keinen Konflikt auszulösen oder auch nur um gut dazustehen. Jemand anderem gegenüber sagen wir etwas ganz anderes.

Aufrichtig sein bedeutet auch, konsistent zu sein. Das heißt nicht, dass man seine Meinung nie ändern soll. Schließlich kann das Gegenüber recht behalten, aber es wäre dennoch nicht aufrichtig gewesen, wenn Sie ihm vorher schon recht gegeben hätten. In einem aufrichtigen Gespräch fallen Sätze wie „Du hörst es vielleicht nicht gerne, aber ich glaube …“, „Ich denke, dass das die falsche Entscheidung ist …“, „Sieh es doch mal von einer anderen Seite …“

ZUSAMMENFASSUNG

Empathische Offenheit ist nicht einfach nur eine Methode, mit der man Konflikte besser löst und negative Emotionen bei sich und anderen reduziert. Sie ist eine Haltung, mit der wir an soziale Situationen herangehen, sie hält sich mit Bewertungen zurück, ist auf Feedback, auf Geben und Nehmen ausgerichtet und um eine aufrichtige Gesprächskultur bemüht.

Empathische Offenheit zielt darauf ab, den Kommunikationsfluss weniger ambivalent zu machen, klarer zu sein. Das kann auch das Gegenüber in diese Schiene führen. Der Unterschied zwischen dem, was ich denke und fühle, und dem, was ich tatsächlich kommuniziere und was beim Gegenüber ankommt, reduziert sich.

Wir sorgen in Gesprächssituationen dafür, dass sich weniger negative Emotionen entwickeln und aufstauen. Der Groll, den wir insgeheim mit uns herumtragen, wird geringer. Das stärkt die Beziehungen zu anderen Menschen, vertrauensvolle Verbindungen werden wahrscheinlicher.

Ganz gleich, ob in Organisationen, Familien, Freundschaften – empathische Offenheit schafft ein Gesprächsklima, in denen das Wichtige angesprochen werden kann, ohne die jeweils andere Person zu verletzen. Die Gelegenheiten, in denen man ärgerlich oder wütend wird, reduzieren sich.

Anti-Wut-Methode #3: Die Perspektive des anderen einnehmen

Oft verstehen wir andere Menschen nicht, weil wir es nicht schaffen, ihre Situation wirklich aus ihrer Sicht zu sehen. Wir bewerten, ja verurteilen ihr Verhalten. So wird mangelnde Aufmerksamkeit oder Unachtsamkeit z. B. als absichtliche Aggressivität ausgelegt – was dann uns ärgert oder vielleicht sogar wütend macht.

Woran liegt das? Gedanken, Gefühle sind nicht „einsehbar", das heißt, wir können sie bei anderen Menschen nicht sehen. Wir sehen nur das Verhalten und müssen davon ausgehend auf Motive, Gedanke, Gefühle, Ursachen schließen. Und hier passieren die entscheidenden Fehler. Wir gehen immer von uns aus. Wir deuten das Verhalten in unserem Sinne, also z. B. warum *wir* es für nicht gut oder gar dumm halten. Wie *wir* etwas machen würden usw. Diese Bewertungen nehmen wir aber auf Basis *unserer eigenen* Gedanken, Gefühle vor – nicht auf Basis jener der anderen.

Dazu kommt, dass wir nicht ganz fair mit anderen umgehen. Wir begehen gerne systematische Bewertungsfehler. Wenn etwas schiefläuft, kommt sehr schnell die Frage: Was ist die Ursache, und noch viel wichtiger: Wer ist schuld? Bei uns selbst tendieren wir dazu, dass wir die Ursache bzw. die Schuld bei Problemen eher außerhalb von uns sehen. Also z. B.: Andere Menschen, die Umwelt, die Umstände usw. lassen mir gar keine andere Wahl, ich musste mich so verhalten. Bei anderen sind wir tendenziell strenger. Wir sehen die Ursache oder Schuld an deren Problemen eher bei ihnen selbst als bei den Umständen. Sie hätten sich ja anders verhalten können.

Dass die meisten von uns etwas gnädiger sind mit sich selbst als mit anderen, hat gute Gründe. Wir schützen damit unser Ich, unseren Selbstwert, wir stehen vor anderen, aber eben auch vor uns selber einfach besser da. Es macht schließlich auch nicht viel Sinn, sich selbst ständig die Schuld an allem zu geben. Andere dagegen müssen wir nicht auf diese Weise schützen.

Das sind also unsere zwei Haupthindernisse, die es uns schwer machen, uns in andere hineinzuversetzen und damit zu verstehen. Erstens, Gedanken und Gefühle sind nicht direkt einsehbar, nur über das Verhalten interpretierbar. Zweitens, wir sind strenger mit anderen als mit uns selbst, hauptsächlich aus Gründen des Selbstschutzes.

Diese Hindernisse können wir nur umgehen, wenn wir es schaffen, vom Verhalten der anderen besser auf *deren* Gefühle und Gedanken zu schließen, anstatt es mit unseren eigenen Gedanken und Gefühlen zu bewerten.

Nehmen wir Folgendes an: Herr Schmitt hat Kopfschmerzen und fährt ins Krankenhaus, um sich untersuchen zu lassen. Der behandelnde Arzt fragt Herrn Schmitt, seit wann er die Kopfschmerzen hat. Der sagt: „Seit etwa zwei Stunden." – „Haben Sie es mit einem Schmerzmittel versucht?", will der Arzt wissen. „Nein, die würden nicht helfen", antwortet Herr Schmitt.

Der Arzt sagt darauf gar nichts, aber es ist ihm anzusehen, dass er sich ärgert. Warum kommt jemand mit „normalen" Kopfschmerzen in die Notaufnahme, wo gerade so viel los ist? Der Arzt denkt: Mit diesem Symptom ins Krankenhaus zu fahren, ist vollkommen unnötig – und wahrscheinlich werden Sie sich das auch denken.

Steigen wir in die Perspektive von Herrn Schmitt ein. Sein Verhalten folgt grob aus zwei Stufen von Bewertungsprozessen. Solche Bewertungsprozesse dienen der Deutung von Situationen, Ereignissen in unserem Leben. Wir Menschen brauchen Klarheit, warum Dinge um uns herum so passieren, wie sie passieren. Plausible Erklärungen ermöglichen uns ein Verständnis über die Zusammenhänge in unserem Leben. Das gibt uns Kontrolle.

Zunächst geht es um eine gedankliche Bewertung. Ich habe Kopfschmerzen, wovon kommt das? Was ist die Ursache dafür? Menschen stellen darüber recht unterschiedliche Schlussfolgerungen an. Von „Ich mache mir gar keine Gedanken darüber" bis hin zu „Das könnte eine schwerwiegende Erkrankung sein" ist da alles möglich.

Herr Schmitt wird das Letztere annehmen. Vielleicht hat er im Internet nachgesehen, was Kopfschmerzen so alles sein könnten, und hat Angst bekommen. Das ist die zweite Stufe: Nach der gedanklichen Bewertung erfolgt die emotionale Bewertung. In diesem Fall: Wenn es eine schwerwiegende Erkrankung ist, muss ich Angst um mein Leben haben. Diese Angst führt schließlich dazu, dass Herr Schmitt überreagiert und ins Krankenhaus fährt.

Hier sind wir mitten im Zugang zur Perspektive des anderen. Was sind seine Interpretationen einer Situation, welche Emotionen sind damit verbunden? So entwickeln wir eher ein Verständnis dafür, warum jemand so oder so handelt.

Also: Von außen können wir nur das Verhalten anderer wahrnehmen. Das erscheint uns mitunter völlig unsinnig oder macht uns ärgerlich oder sogar wütend. Das Entscheidende bleibt uns aber zunächst verborgen: die gedanklichen und emotionalen Bewertungen, die dem Verhalten zugrunde liegen.

Das nächste Beispiel ist eines aus der Literatur, beschreibt aber ein Thema, dass in der Menschheitsgeschichte wohl immer sehr ähnlich abgelaufen ist und auch in Zukunft ablaufen wird. Stellen Sie sich vor, Sie haben sich etwas in den Kopf gesetzt, das Ihnen sehr wichtig geworden ist. Dann kommt jemand und will es Ihnen ausreden oder verbietet es Ihnen sogar.

Wir haben vorhin schon einmal das Thema Trotz angesprochen – und ja, man verwendet diesen Begriff gern, um das Verhalten von etwa Vierjährigen zu beschreiben, doch auch als Erwachsene kennen wir das allzu gut. In der Psychologie wird Trotz als Reaktanz beschrieben, was nichts anderes bedeutet, als dass eine Person versucht, ihre Entscheidungsfreiheit, die vermeintlich oder tatsächlich eingeschränkt wurde, wiederherzustellen: der Vierjährige, der zu brüllen und stampfen beginnt, weil seine Eltern ihm nicht erlauben, am Jahrmarkt nach gefühlten sieben letzten Malen noch eine Runde am Karussell zu drehen.

Auch Erwachsene rasten in einer solchen Situation gerne aus, andere werden ganz kalt und lassen nichts mehr an sich heran.

Ein Beispiel: In Arthur Conan Doyles Geschichte „Der vornehme Klient“[41] ist Meisterdetektiv Sherlock Holmes mit einem für ihn recht ungewöhnlichen Auftrag beschäftigt. Die Tochter eines vornehmen Mannes hat sich unglücklicherweise – aus Sicht des Vaters – in den falschen Mann verliebt und möchte ihn auch gleich heiraten. Tatsächlich gilt der frisch Verlobte als gefährlicher Frauenheld und steht sogar im Verdacht, seine letzte Frau ermordet zu haben.

Holmes' Auftrag ist es nun, diese Verbindung zu lösen, also der jungen Dame den Verlobten „auszureden“. Er geht das grundsätzlich ganz gut an. Weil rationale Gründe bei Verliebten wenig Wirkung zeigen, gewinnt er eine der wütenden Verflossenen des Verlobten dafür, mit ihm die junge Dame aufzusuchen. Dieses Gespräch wird schließlich zu einem monumentalen Fehlschlag. Holmes unterbreitet der jungen Dame die Lebensgeschichte des Verlobten: Sie würde ihn wohl erst kennenlernen, wenn sie verheiratet sind, und malt Schreckensszenarien an die Wand.

Die junge Dame reagiert vollkommen kalt. Ihr Verlobter hat sie bereits darauf vorbereitet, dass jemand kommen würde, um sie auseinanderzubringen. In überheblicher Gelassenheit lässt sie Herrn Holmes wissen, dass ihr Verlobter sich geändert habe und in der Vergangenheit einfach Pech gehabt hätte. Da tritt die Verflossene auf den Plan, die die herablassende Art wütend gemacht hat. Sie schreit, der jungen Dame werde es genauso ergehen wie ihr, sie müsse froh sein, wenn sie mit dem Leben davonkomme usw.

Die junge Verlobte bringt mit ihrer provozierend zur Schau gestellten Arroganz das Fass zum Überlaufen. Als die Verflossene sich wutentbrannt auf sie stürzen will, kann sie Sherlock Holmes nur mit großer Mühe davon abhalten und aus dem Haus zerren, um eine weitere Eskalation zu verhindern. Der Meisterdetektiv hat sich dabei natürlich wie immer vollkommen unter Kontrolle. Interessant ist aber, dass er selbst von einer „kalten Wut" spricht, die ihn bei dem Gespräch erfasst hat.

Gehen wir in die Analyse. Sherlock Holmes und die Ex-Geliebte gehen in diesem Gespräch von der falschen Annahme aus, dass der jungen Dame nur ein paar Sachinformation fehlen, damit sie die (aus ihrer Sicht) richtige Entscheidung trifft und ihrem Verlobten den Laufpass gibt. Doch wenn man wirklich die Perspektive der jungen Dame einnimmt, wird deutlich, warum das eigentlich gar nicht funktionieren kann.

Die junge Dame weiß natürlich sofort, warum Holmes zu ihr kommt, zumal sie auch schon von ihrem Verlobten darauf vorbereitet worden ist. Die kognitive Bewertung ist: „Er will ihn mir schlecht machen und uns auseinanderbringen“, dazu kommt noch: „Er will meine Entscheidung rückgängig machen und meine Freiheit damit einschränken.“ Die emotionale Bewertung dazu ist Trotz, wahrscheinlich auch Wut, die sie mit ihrer zur Schau getragenen Gefühlskälte zeigt. Sie verweigert de facto das Gespräch, sie „macht zu“.

So funktioniert es also nicht, jemanden vor einem Partner zu warnen, der ihr oder ihm möglicherweise nicht guttun wird. Und selbst wenn es funktionierte und die junge Dame klein beigeben würde, wäre es keine echte Lösung. Der Groll würde bleiben, die Beziehung zu ihr wäre beschädigt („Ihr habt ihn mir genommen“).

In so ein Gespräch wird man um einiges weicher einsteigen müssen. Statt gleich zu sagen „Verlass ihn“, geht es erst einmal darum herauszufinden, was die junge Dame selbst denkt und empfindet. Es geht also darum, ihre Bewertung des Gesprächs („Er will uns auseinanderbringen“) positiv zu verändern.

Also: Holmes könnte die junge Dame fragen, was sie an ihrem Verlobten so gut findet. Er ist reich, sieht gut aus, ist charmant, gebildet, hat gutes Benehmen – es ist ein echtes Glück, so jemanden kennenzulernen. Vielleicht ist auch die Angst, alleine bleiben zu müssen, damit endlich weg. Er gibt ihr das Gefühl, einzigartig zu sein usw.

Dann könnte Holmes damit beginnen, dass jeder auch seine negativen Seiten hat und dass es über ihren Verlobten Geschichten gibt, die er selbst nicht glauben konnte – genau wie sie. Doch die

Geschichte der Ex-Geliebten habe genauso begonnen wie die der jungen Dame. Hier könnte dann die Verflossene einsteigen und all das erzählen, wie es am Anfang war – also die gleiche Geschichte der jungen Dame – und wie furchtbar es schließlich geendet hat. Es wäre eine Ich-Erzählung und keine „So wird es dir auch ergehen“-Erzählung.

Sherlock Holmes würde betonen, dass sie selbst ihre Entscheidungen treffen muss. Dass sie aber später nicht sagen solle, sie hätte das nicht gewusst. Dass sie die Wahrheit verdient, auch wenn sie sie jetzt nicht sehen will – was er gut verstehen kann, weil die positiven Seiten des Verlobten so im Vordergrund stehen.

Holmes würde ihr Zeit geben, ihr keine Entscheidung abringen. Er würde ihr wie die Ex-Geliebte Unterstützung anbieten und die Möglichkeit eröffnen, sich jederzeit bei ihm zu melden. Das Gespräch würde nicht eskalieren, weil die junge Dame nicht in eine Verteidigungsposition gezwungen würde. Ihre Motive, ihre Gedanken und Gefühle würden ernst genommen und nicht als dumm oder irrational interpretiert.

Die junge Dame hätte hier nicht das Gefühl, „zu ihrem Glück gezwungen“ zu werden (eine furchtbare Vorgehensweise), aber vielleicht würden die ersten Zweifel entstehen. Sie würde vielleicht bei ihrem Verlobten nachfragen, mehr über seine Vergangenheit wissen wollen. Vielleicht würde sie noch einmal mit seiner Ex-Geliebten sprechen wollen. Wie sie sich letztlich entscheiden würde, lässt sich nicht sagen.

Das Beste, was man in einer solchen Situation tun kann, ist zum Nachdenken anregen, eine andere Perspektive anbieten – und das geht wiederum nur, wenn man die Perspektive des Gesprächspartners einnimmt und nachvollzieht, warum er sich so verhält. Nachvollziehen bedeutet nicht, dass man es gut finden muss, sondern nur, dass man versteht. Ihm etwas aufzudrängen, führt fast zwangsläufig zu Trotz und Wut. Die Gefahr, dass man damit das Vertrauensverhältnis beschädigt, ist sehr hoch.

Die Sherlock-Holmes-Geschichte geht natürlich noch gut aus. Doch die Essenz dieses Beispiels ist es, die Wirkung zu zeigen, wenn man die Perspektive des anderen wirklich einnimmt oder es eben nicht tut. Das eine ist, dass man damit negative Emotionen und Eskalation vermeiden kann und ein Vertrauensverhältnis nicht gefährdet wird. Dass es wahrscheinlicher wird, dass eine Gesprächssituation mit einem guten Ergebnis endet. Dass wir das Gefühl haben, alles getan zu haben, was möglich ist, ohne respektlos oder aggressiv zu sein.

Doch es geht hier um noch mehr. Eine Forschungsarbeit aus den Vereinigten Staaten legt nahe, dass die Perspektive des anderen einzunehmen sogar dazu führt, dass sich die eigenen Wutgefühle beispielsweise nach einem konflikthaften Gespräch abmildern.[42] Die Autorin Kimberly A. Tejada beschreibt eine interessante Methode, wie man selbst *nach* einem Konflikt durch eine entsprechende Analyse die emotionale Bewertung verändert. Zentral ist dabei eben, dass man auch angehalten ist, die Perspektive des anderen einzunehmen – und zwar nicht nur inhaltlich, sondern eben auch emotional. Diese Vorgehensweise beinhaltet die folgenden Elemente:

- Sie beschreiben (am besten schriftlich) in wenigen Sätzen den Konflikt und nennen den Konfliktpartner.
- Sie bewerten auf einer Punkteskala, wie wütend Sie am negativsten Punkt der Auseinandersetzung gewesen sind.
- Jetzt kommt der Schlüssel: Sie bewerten, wie der Konfliktpartner sich in diesem Konflikt wahrscheinlich gefühlt hat.

- Sie versuchen für eine kurze Zeit, z. B. eine Minute, die emotionale Perspektive des Konfliktpartners einzunehmen.
- Anschließend bewerten Sie Ihre aktuelle Gefühlslage.

Diese Vorgehensweise hilft, die eigene Wut abzumildern und „seinen Frieden mit der Vergangenheit zu machen". Die Perspektive des anderen einzunehmen kann also auch im Nachgang nach einem Konflikt oder einer Situation, die uns wütend gemacht hat, noch äußerst sinnvoll und wirkungsvoll sein. So sind wir besser für die entscheidenden Gesprächssituationen gerüstet, mit denen wir uns im nächsten Abschnitt beschäftigen werden.

ZUSAMMENFASSUNG

Die Perspektive des anderen einzunehmen, heißt, nicht nur sein Verhalten zu bewerten, sondern seine Bewertungsprozesse, die dem Verhalten zugrunde liegen, nachzuvollziehen. Nachzuvollziehen heißt, es zu verstehen, nicht unbedingt es gut zu finden – man kann nach wie vor anderer Meinung sein.

Im Zentrum stehen dabei die Fragen „Was denkt die Person darüber, welche Motive, Prioritäten stehen da im Vordergrund?" und „Welche Emotionen sind für die Person damit verbunden?" So fällt es uns leichter, den geeigneten Ton in einem Gespräch zu finden.

Wenn es uns gelingt, auf diese Weise die Perspektive des anderen einzunehmen, ersparen wir uns nicht nur eine ganze Menge Ärger und negativer Emotionen, sondern sind auch in der Lage, Konflikte konstruktiver zu lösen. Es fällt leichter, vertrauensvolle Beziehungen zu beginnen und aufrechtzuerhalten.

Anti-Wut-Methode #4: Entscheidende Gesprächssituationen erkennen und steuern

Es gibt Weltklassefußballer, bei denen hat man das Gefühl, sie sind gar nicht am Platz – und dann erzielen sie in der letzten Minute das entscheidende Tor. Zufall? Eher nicht. Diese Sportler haben die Intuition, am richtigen Ort zu stehen, wenn es darauf ankommt. Sie haben ein besonderes Gespür dafür, wie sich eine Spielsituation entwickelt, und bewegen sich intuitiv in die richtigen Räume hinein. Ihr Gespür unterstützt sie, entscheidende Spielsituationen zu erkennen.

Das ist vergleichbar mit unseren sozialen Situationen. Auch wir brauchen ein Gespür dafür, die entscheidende Gesprächssituationen, die unsere Beziehung mit der anderen Person beeinflussen, zu erkennen, um dann richtig zu reagieren.

Was sind entscheidende Gesprächssituationen? Das sind Gespräche über Themen, die wir vielleicht grundsätzlich lieber vermeiden. Wo es unangenehm werden könnte, weil wir unser Gegenüber konfrontieren müssen oder der Gesprächspartner mit einem sehr schwierigen Thema auf mich zukommt, z. B.

- eine ganz grundsätzliche Frage mit dem Partner klären,
- mit dem Kind eine wichtige Unterhaltung führen,
- in der Arbeit einen schwelenden Konflikt ansprechen oder
- eine Gehaltsforderung stellen.

Solche Situationen werden leider allzu häufig auf Arten gelöst, die unbefriedigend bleiben. Entweder geben wir um des Friedens willen nach und schlucken alles, was das Gegenüber sagt und will.

Oder die Sache endet in einem Schreiduell, wo es keine Aussicht auf eine gemeinsame Sichtweise oder gar auf Versöhnung gibt. Oder aber man setzt sich aggressiv mit seiner Position durch und lässt dem anderen keinen Spielraum.

Alle Varianten erzeugen nur Verlierer. Vertrauen geht verloren, die Beziehung zu der anderen Person nimmt Schaden. Wenn wir wichtige Gespräche auf eine dieser der Arten führen, wird das unsere Beziehungen belasten.

Wenn entscheidende Gesprächssituationen nicht regelmäßig mit nachhaltigen negativen Emotionen wie Wut oder Ärger (offen oder versteckt) enden sollen, müssen wir uns mit zwei Dingen beschäftigen: wie wir solche Gesprächssituationen erkennen und wie wir sie effektiv führen.

Entscheidende Gesprächssituationen erkennen

Wie ein Fußballer, der ein Sensorium dafür hat, wo der Ball als Nächstes hin muss, um die größte Gefahr für das Tor des Gegners zu erzielen, so brauchen wir ein Gefühl, dass es jetzt um kein Alltagsgespräch geht, sondern um eine Unterhaltung mit Auswirkungen.

Entscheidende Gesprächssituationen sind thematisch sehr unterschiedlich, man kann sie aber an ihren Eigenschaften erkennen:

- Der Ausgang des Gesprächs kann starke Emotionen auslösen, z. B.: Der Vorwurf der ehelichen Untreue wird thematisiert.
- Der Ausgang des Gesprächs kann signifikante Folgen auf einen oder mehrere Lebensbereiche haben – bei sich selbst oder auch beim Gesprächspartner, persönlich, beruflich, finanziell, z. B.:

Man muss mit einem Mitarbeiter über seinen Alkoholkonsum sprechen.
- Das Gespräch betrifft direkt die Beziehung zu einer wichtigen anderen Person oder wichtige Beziehungen von einer wichtigen Person, z. B.: eine schwierige Situation in der Familie des Partners.
- Die Folgen des Gesprächs können langfristig sein, z. B.: ein Gespräch über die Bedingungen einer Ehescheidung oder ein schlecht verhandelter Arbeitsvertrag.

Wenn wir in solche Gespräche hineinwanken, ohne ihre Bedeutung zu erkennen, kann das zu unerwünschten Ergebnissen führen. Wir kränken andere oder wir werden selbst gekränkt. Möglicherweise werden entscheidende Weichen in eine falsche Richtung gestellt. Die Konsequenzen solcher fehlgeschlagenen Gespräche können uns möglicherweise über viele Jahre begleiten. Negative Emotionen wie Wut und Ärger können die Folge sein.

Denken Sie an die Gesprächssituation mit dem Chef, den Sie berechtigterweise auf eine Gehaltserhöhung ansprechen. Er macht einen geschickten Konter: „Die Budgetverhandlungen sind am Laufen und ich kann Ihnen sagen, es wird alles weniger. Wir schauen gerade, dass wir den Status halten können", und das Thema ist für lange Zeit vom Tisch. Denken Sie an die Arbeitsaufteilung im Haushalt, die Sie mit dem Partner aushandeln, oder das Gespräch mit ihrer Teenager-Tochter, die Sie zu einer wenig durchdachten Erlaubnis überreden möchte. Wir erkennen solche Situationen zu selten – und selbst wenn, sind wir oft schlecht darauf vorbereitet.

Wenn ich das Gespräch beginne, ist es ja leicht, mich darauf vorzubereiten, werden Sie denken – stimmt. Aber was ist, wenn Sie damit „überfallen" werden? Der Kollege schaut zur Tür herein und sagt: „Du, hast du kurz Zeit, ich muss etwas Persönliches mit dir besprechen!“ Wie reagieren? Völlig unvorbereitet in diese Unterhaltung gehen? Sodass Sie gleich mit dem Rücken zur Wand stehen und sich nur noch verteidigen können?

Besser ist es, zunächst herauszufinden, worum es geht, z. B. so: „Hallo, du, es ist stressig, aber worum geht es denn?“ Meistens bekommen Sie dann schon einen Hinweis: „Tina hat schon wieder ... ich weiß nicht, wie ich damit umgehen soll. Sie sagt ... Es wäre wichtig, dass du einmal mit ihr sprichst ...“

Wenn es schwierig klingt, versuchen Sie, Zeit zu gewinnen, die Sie zur Vorbereitung nutzen: „Okay, danke für den Hinweis. Ich habe noch zu tun, bist du gegen 14:30 Uhr erreichbar? Ich melde mich dann und wir besprechen das in Ruhe ...“ Fast immer ist so viel Zeit, dass eine Vorbereitung möglich ist (wenn nicht gerade das Haus in Flammen steht).

Entscheidende Gesprächssituationen effektiv führen

Leider ist es nicht damit getan, solche Gesprächssituationen einfach zeitlich zu verzögern. Es geht tatsächlich darum, sich so gut wie möglich vorzubereiten. Folgende Leitfragen können helfen:

- Worum geht es inhaltlich?
- Wer hat welche Ziele/Prioritäten?
- Was kann schlimmstenfalls in diesem Gespräch (für beide Gesprächspartner) passieren? Wie kann ich das verhindern?
- Was wäre ein wünschenswertes Ergebnis dieses Gesprächs (für beide Gesprächspartner)? Wie kann ich das erreichen?

In dem empfehlenswerten Buch „Crucial Conversations“ beschreiben Kerry Patterson und ihre Co-Autoren wichtige Elemente, die uns in schwierigen Gesprächssituationen den Dialog erleichtern können.[43] Dazu gehören unter anderem die Folgenden.

Sicherheit geben

Stellen Sie sich vor, Sie gehen zum einem Feedbackgespräch mit Ihrem Chef. Wenn er gleich zu Anfang sagt „Jetzt haben Sie schon wieder so schlechte Bewertungen von Ihren Kunden bekommen. Na, wenn das so weitergeht ...“, ist das vielleicht die Einleitung zu einem Kündigungsgespräch, aber nicht zu einem Feedbackgespräch. Sie sind gleich in der Defensive, fühlen sich womöglich persönlich angegriffen, es entsteht keine Grundlage für einen konstruktiven Austausch.

Daher wäre es hier besser, dem Gegenüber eine sichere Gesprächssituation zu vermitteln. „Ich möchte mit Ihnen das Feedback durchgehen und sehen, was gut läuft, aber auch die Schwachpunkte diskutieren und gemeinsam vereinbaren, wie wir weiter vorgehen.“

Achtung: Sicherheit bedeutet nicht, um den heißen Brei herumreden, sondern einen Einstieg in eine vertrauensvolle Gesprächssituation zu schaffen.

Ganz wichtig an dieser Stelle, aber auch im weiteren Verlauf des Gesprächs: Vermeiden Sie Ironie. Erstens, weil viele Menschen Ironie nicht so gut verstehen oder auch gar nicht lustig finden. Zweitens, weil Sie damit den Ernst der Situation verwässern und damit das Gespräch womöglich in eine falsche Richtung leiten. Wenn Sie mit Ironie konfrontiert werden, gehen Sie auf die mögliche Sachinformation ein, sagen Sie Dinge wie „Sie meinen, dass ... nicht so gut ist?“

Kontrastieren

Hier ersetzt man die (mögliche) negative Bewertung der Gesprächssituation durch eine positivere. Zum Beispiel könnte der Chef sagen: „Ich weiß, Feedbackgespräch hört sich ein bisschen so an, als würde man in der Schule zum Direktor geschickt, um eine Standpauke zu empfangen“ (Kontrast), „ich möchte mit diesem Gespräch aber etwas ganz anderes: ...“ oder „Für Sie könnte es so aussehen, als ...“ (Kontrast), „ich möchte aber ...“ Der Vorteil ist hier, dass das Gegenüber gleich direkt angesprochen wird.

Die eigene Perspektive darstellen

Das ist ein sehr wichtiger Teil in einer entscheidenden Gesprächssituation. Stellen Sie Ihre Sicht der Dinge dar, ohne den anderen damit anzugreifen. Also z. B., indem Sie Ich-Botschaften senden: „Für mich sieht das so aus, als ob ...“, „Meiner Meinung nach ...“, „Aus meiner Perspektive ist es so, weil ...“, „Ich hätte die Ursachen für dieses Problem bei ... gesehen.“

Die andere Perspektive einholen

Erst die eigene Perspektive darzustellen und dann die des anderen einzuholen sind ganz wichtige Gesprächsbestandteile. Es wird kaum jemanden geben, der das bestreitet. Im Alltag vergessen wir bei Gesprächen sehr oft die eine oder die andere Seite. Manche Menschen tendieren dazu, die eigene Position darzustellen, sie zu belegen, zu beweisen. Was passiert? Entweder man lässt sich überreden (kein guter Ausgang eines Gesprächs), der Meinung zu folgen, oder – und das passiert sehr oft – man schaltet einfach ab und engagiert sich nicht mehr in dem Gespräch.

Wer dagegen gleich die Meinung des anderen einholt und es versäumt, die eigene Perspektive darzustellen, hat zwar vielleicht ein respektvolles Gespräch geführt, wird sich aber nachher ärgern, dass seine Bedürfnisse ignoriert worden sind. In beiden Fällen folgen negative Emotionen, je nachdem, wie entscheidend das Gespräch gewesen ist.

Laden Sie daher nun die andere Person ein, ihre Perspektive darzustellen: „Was meinen Sie dazu?“, „Habe ich da etwas Wichtiges übersehen, was ich wissen müsste?“, „Haben Sie andere Infos dazu?“

Eine gemeinsame Perspektive entwickeln

Menschen, die besonders gut darin sind, entscheidende Gespräche zu führen, suchen schon während der Darstellung der Perspektiven nach Gemeinsamkeiten und Ergänzungen. Sie paraphrasieren ihr Gegenüber, wiederholen also das Gesagte mit eigenen Worten und ergänzen es mit eigenen Interpretationen, fragen nach, ob sie richtig verstanden haben, fassen zusammen und suchen nach Übereinstimmungen oder neuen Gedanken. Auf diese Weise ist es möglich, eine gemeinsame Perspektive zu entwickeln.

Wenn wir vorher darüber gesprochen haben, dass man sich jeweils den schlimmsten und den besten Ausgang des Gesprächs vorstellen soll, dann wird hier auch klar, dass man nicht einfach um jeden Preis seiner besten Vorstellung folgen soll. Das hieße, dem anderen seine eigene Vorstellung aufzuzwingen. Doch wenn wir im Gespräch offen sind, werden wir feststellen, dass im gemeinsamen Dialog häufig wirklich neue Ideen entstehen, auf die wir durch Nachdenken gar nicht gekommen wären.

Formulierungen für die Gesprächssituation „Eine gemeinsame Perspektive entwickeln“ könnten so aussehen: „Wie wäre es, wenn wir …“, „Was halten Sie davon, …?“, „Mich würde interessieren, ob Sie das auf diese Weise für umsetzbar halten?“

Entscheidungen treffen

Die besten Gespräche helfen nicht viel, wenn hinterher nichts dabei herauskommt. Manchmal haben wir das erleichterte Gefühl, eine Unterhaltung sei gut verlaufen. Danach stellt sich aber oft schnell heraus, dass sich nichts ändert oder das Besprochene nicht umgesetzt wird.

Das kann daran liegen, dass die Ziele zu vage formuliert wurden, sich nicht Konkretes daraus ergibt und man nur die Psychohygiene verbessert hat. Vielleicht hat Ihr Gesprächspartner die besprochenen Dinge ganz anders verstanden. Vielleicht ist das, was Sie jetzt erwarten, in der Unterhaltung gar nicht gesagt worden.

Damit in einem entscheidenden Gespräch nicht nur wichtige Dinge angesprochen werden, sondern tatsächlich auch Entscheidungen fallen, müssen wir Verbindlichkeit hineinbringen. Das ist leichter gesagt als getan und hängt auch von den Machtverhältnissen zwischen den Gesprächsteilnehmern ab. Dem Chef wird man eine Entscheidung nicht aufzwingen können, aber man kann Zielvorschläge machen. Im Gespräch mit dem Partner über die Haushaltsaufteilung kann man einen Wochenplan erstellen, der so konkret wie möglich ist. Damit Entscheidungen halten, muss festgelegt sein, wer was wann machen soll.

Beispiel 1: Am Arbeitsplatz

Eine Führungskraft hat einen Fehler gemacht und die blendende Idee zu behaupten, die Ursache sei, dass Sie ihr wichtige Infos vorenthalten hätten. Nehmen wir an, Sie haben sich an alle Vorgaben gehalten, aber die Führungskraft ist so wichtig, dass es ihr gelingt, ein Krisengespräch bei der Geschäftsführung zu erreichen. Sie sind die „rangniedrigste“ Person im Raum, also besteht die Gefahr, dass Sie zum Sündenbock gemacht werden.

Das Gespräch verläuft schon mal ziemlich schlecht. Sie werden mit den Anschuldigungen konfrontiert, kommen aber selbst gar nicht richtig zu Wort. Die Wut in Ihnen steigt. Sie sagt Ihnen in dieser Situation: Hier ist etwas sehr Unfaires im Gange.

Vorsicht, das ist ein entscheidendes Gespräch! Wenn Sie jetzt einen Wutanfall bekommen, könnte das langfristige Folgen für Sie haben. Wenn Sie passiv bleiben und gar nichts sagen, werden Sie einfach übergangen, und die „Schuld“ bleibt bei Ihnen.

Was haben wir vorhin besprochen? Sicherheit geben. Sie können auf dieser Ebene die Unterhaltung nicht moderieren oder führen. Sicherheit zu geben, wäre hier die Aufgabe des Vorgesetzten gewesen, das ist aber nicht passiert. Ihre eigene Perspektive darstellen können Sie aber schon. Versuchen Sie, sich an die Fakten zu halten und nachvollziehbar zu erläutern, wie Sie vorgegangen sind:

- Stellen Sie die eigene Perspektive dar: „Meine Aufgabe ist es, dafür zu sorgen, dass dieser Vorgang laut interner Richtlinie abläuft. Dafür habe ich diese Schritte gesetzt: erstens: ..., zweitens: ..., drittens: ...“
- Holen Sie die andere Perspektive ein: „Ich habe das bisherige Gespräch so verstanden, dass der Wunsch besteht, einen größeren Kreis an Personen zu involvieren ...“
- Entwickeln Sie eine gemeinsame Perspektive: „Wenn das so ist, könnten wir“ (gemeinsam mit der Führungskraft) „die interne Richtlinie anpassen und damit unseren Beitrag zur Qualitätssicherung leisten.“

Meistens sind Führungskräfte überarbeitet und gestresst und können sich nicht mit jedem Detail beschäftigen. Sie lösen ununterbrochen Probleme oder müssen versuchen, Dinge, die schiefgelaufen sind, geradezubiegen. Wenn da jemand mit einem belastbaren Vorschlag kommt, gibt es gute Chancen, dass jemand auf den Zug aufspringt. Zudem ist diese Vorgehensweise auf die Zukunft gerichtet.

Wenn nur Fehler analysiert werden und die Vergangenheit zerkaut wird, haben Sie gegen ranghöhere Führungskräfte schlechte Karten. Kanalisieren Sie daher Ihre Wut in einen positiven Zukunftsausblick.

Beispiel 2: Beim Bewerbungsgespräch

Herr Kramer langweilt sich in seinem aktuellen Job. In seiner Firma läuft es nach vielen erfolgreichen Jahren nicht mehr so gut. Erstmals werden Mitarbeiter gekündigt, bisher wurde ständig neues Personal eingestellt. Herr Kramers Job ist gut bezahlt, die Firma wird ihn wohl auch weiterhin noch brauchen, sein Job ist eine Schlüsselposition. Dennoch beschließt er, sich umzusehen, und erhält ein verlockendes Angebot von einer anderen Firma. Der Job hat ein spannendes Aufgabenprofil. Bei einem ersten Termin vor Ort führt ihn der Personalchef persönlich herum, die Stimmung ist viel besser als bei seinem bisherigen Arbeitgeber.

Im nächsten Gespräch geht es um die Rahmenbedingungen. Herr Kramer sagt wahrheitsgemäß: „Die Arbeit muss wieder Spaß machen. Das Gehalt ist zweitrangig, es sollte halt so sein wie beim vorigen Arbeitgeber." Der Personalverantwortliche grinst und sagt: „Einverstanden, dann setzen wir den Vertrag auf."

Als Herr Kramer das Firmengelände verlässt, hat er ein komisches Gefühl. Über das Geld hat er sich kaum Gedanken gemacht. Aber jetzt er das Gefühl, er wurde übers Ohr gehauen. Ein bisschen mehr hätte er schon verlangen können. Er wird deshalb nicht wütend, aber ärgerlich ist es schon.

Herr Kramer hat sich zu wenig Gedanken über die eigene Perspektive gemacht. Er hat sich auf dieses Gespräch nicht allzu gut vorbereitet. Es war ziemlich klar, dass er den Job bekommt und dass er ihn machen möchte, damit hatte er das mental schon abgelegt. Er hat ein entscheidendes Gespräch nicht erkannt und daher geführt wie eine alltägliche Unterhaltung – mit bleibenden Folgen. Bis zum nächsten Gehaltsgespräch wird einiges an Zeit vergehen.

Aus Sicht des Personalverantwortlichen ist das Gespräch sehr gut gelaufen. Aus seiner Perspektive ging es darum, die Gehaltsforderungen in Grenzen zu halten. Das ist ihm wunderbar gelungen. Alles gut? Mitnichten.

Aus Sicht des Personalverantwortlichen wäre es in einer entscheidenden Gesprächssituation genauso wichtig, die eigene Perspektive mit der des anderen zu verbinden. Er wäre besser gewesen, nochmals nachzufragen: „Sind Sie damit wirklich zufrieden? Wenn Sie dieses Gehalt bekommen, kommen Sie dann mit einem guten Gefühl zu uns?“ Er hat hier einen Pyrrhussieg erzielt, sein neuer Mitarbeiter beginnt schon mit dem Gefühl, übervorteilt worden zu sein. Kein guter Start!

Dieses Beispiel zeigt sehr schön, dass es uns bei entscheidenden Gesprächen darum gehen sollte, Ergebnisse zu erzielen, die für alle Beteiligten vorteilhaft sind.

Beispiel 3: Ein schwieriges Gespräch

Erinnern wir uns an Sabine:

Sabine wird von einer Arbeitskollegin auf Martina, ihre gemeinsame Kollegin und Freundin, angesprochen. „Sag mal, hat die ein Alkoholproblem?“ – „Wie kommst du denn darauf?“, meint Sabine entrüstet. „Jedes Mal, wenn ich zu ihr ins Büro komme, riecht es wie in einer Schnapsbar. Gestern hatte ich sogar den Eindruck, dass Martina noch betrunken war." – „Ach, Unsinn." Nach dem Gespräch fallen Sabine selbst jede Menge Situationen ein, die bei Martina einen problematischen Alkoholkonsum nahelegen.

Was soll eine Freundin hier tun? Nichts sagen? Oder sie darauf ansprechen? Wie wird sie reagieren? Wird sie wütend werden? Wir hatten vorhin das Beispiel mit der jungen Verlobten in der Sherlock-Holmes-Geschichte. Der gut gemeinte Rat geht schnell nach hinten los und verursacht mehr negative Emotionen, als wenn man nichts gesagt hätte.

Worum geht es hier? Wenn Sabine beschließt, mit Martina zu sprechen, wird es darauf ankommen, wie Martina das Gespräch bewertet. Fühlt sie sich angeklagt oder aufgedeckt? Oder ist sie froh, dass sie eine Freundin offen darauf anspricht? Sabine sollte das Ziel haben, Letzteres zu erreichen.

Sie könnte das Gespräch so eröffnen wie ihre Arbeitskollegin: „Sag mal, hast du ein Alkoholproblem? Dein Büro stinkt wie eine Schnapsbar." Wahrscheinlich macht Martina sofort „zu", verteidigt sich, ist verärgert, wird womöglich wütend. Die Freundschaft wird Schaden nehmen. Sabine sollte daher darauf abzielen, Martina eine sichere Gesprächssituation zu vermitteln:

„Martina, ich muss mit dir über etwas sehr Persönliches reden, was mich sehr besorgt." – „Okay, was ist los?" – „Ich bin sehr unsicher, ob ich es überhaupt mit dir besprechen soll. Ich habe Angst, du könntest es als Beleidigung oder als Angriff sehen." – „Ach was, schieß los. Wo drückt der Schuh?" – „Mir ist aufgefallen, dass es in deinem Büro häufig nach Alkohol riecht. Zuletzt hat mich auch eine Kollegin darauf

angesprochen. Vielleicht täusche ich mich, aber ich wollte dich einfach einmal darauf ansprechen und fragen, was du dazu sagst?"

Martina wird überrascht sein, sich vielleicht auf den Schlips getreten fühlen. „Ich weiß nicht, was ich dazu sagen soll. Das ist schon starker Tobak." – „Du musst jetzt gar nichts dazu sagen, du bist mir ja keine Rechenschaft schuldig. Aber ich dachte, du solltest es wissen. Als du mich bei der Sache mit meinem Mann so unterstützt hast, hat mir das sehr geholfen. Also, wenn ich dir diesmal irgendwie helfen kann, sag es einfach."

Es kann immer noch sein, dass Martina entrüstet alles von sich weist (der Verdacht kann ja auch falsch sein) oder wütend wird. Aber sehr oft funktioniert es und löst vielleicht einen Nachdenkprozess aus.

ZUSAMMENFASSUNG

Entscheidende Gesprächssituationen bewusst zu führen, ist eine echte Wutprophylaxe. Dafür ist es einerseits notwendig, solche Gesprächssituationen sehr rasch, am besten im Vorhinein, zu erkennen. Danach geht es darum, das Gespräch effektiv zu führen.

Dazu gehört, aus dem gängigen Muster der Win-Lose-Situationen herauszukommen und gemeinsame Perspektiven zu entwickeln, die zu verbindlichen Entscheidungen führen. Wenn man sich diese Vorgehensweise zu eigen macht, werden viele Gespräche erfolgreich verlaufen.

Auch wenn sich nicht jede negative Emotion vermeiden lässt, werden viele schwierigen Gespräche mit einem erfreulicheren Ergebnis enden. Sie werden als integrer, fairer Gesprächspartner wahrgenommen, Ihre Gesprächsfähigkeit bleibt intakt.

Anti-Wut-Methode #5: Den eigenen Handlungsspielraum nutzen

Sie kennen bestimmt die Geschichten über Don Quijote de la Mancha von Miguel de Cervantes.[44] Don Quijote hält sich in seinem Größenwahn für einen heldenhaften Ritter, der gemeinsam mit seinem Knappen Sancho Pansa gegen das Böse kämpft. Leider spielt sich das Heldenhafte nur in seiner Fantasie ab, und so kommt es zu seinem weltberühmten und völlig sinnlosen Kampf gegen die Windmühlen. Don Quijotes eigentliche psychologische Tragödie ist, dass er so in seiner Fantasie gefangen ist, dass er seine Handlungsspielräume in der Realität nicht erkennt. Er sieht schlicht nicht, wo er wirksam sein kann und wo nicht.

Doch geht es uns nicht allen manchmal so wie Don Quijote? Wir beschweren uns über Dinge, die wir ohnehin nicht ändern können, und kämpfen auch sonst im Leben oft gegen Windmühlen. Wir haben dabei keinen Erfolg, ärgern uns, werden wütend, aber es ändert sich nichts. Dabei sehen wir nicht, wo unser wahrer Handlungsspielraum liegt, wohin es sich tatsächlich lohnt, seine Prioritäten zu setzen.

Negative Emotionen entstehen häufig in oder nach Situationen, in denen wir uns nicht klar darüber sind, wo unser Handlungsspielraum liegt. Denken Sie nur an die Menschen, die sich ständig über politische Entscheidungen oder Politiker an sich beschweren – meist aber nicht bei den Politikern selbst, sondern bei ihren Mitmenschen. Besser ist es, sich auf Bereiche zu konzentrieren, die man tatsächlich ändern kann, und für sich Wege zu finden zu akzeptieren, was man nicht ändern kann. Das Gute daran ist, dass es so viele Dinge gibt, die wir selbst beeinflussen können.

Die Schwierigkeit, die eigenen Handlungsspielräume zu identifizieren und zu unterscheiden zwischen „Was kann *ich* tun?“ und „Daran kann ich nichts ändern“, liegt in der Komplexität von sozialen Situationen. Oft hilft es zu hinterfragen, welche sozialen Strukturen hinter bestimmten Problemen liegen, um hier Klarheit zu bekommen.

Was heißt das konkret? In der Organisationspsychologie werde ich oft mit Menschen konfrontiert, die über Konflikte (und massive negative Emotionen wie Wut) berichten. Ein Beispiel: In einer Pflegeeinrichtung kommt es ständig zu Konflikten zwischen den Mitarbeitern, es herrscht ein schlechtes Arbeitsklima. Die Mitarbeiter berichten über fachliche Defizite ihrer Kollegen, gegenseitiges Anschreien und generell einen schlechten Umgangston. Dafür gibt man jeweils dem anderen die Schuld.

Mitarbeiterin A beispielsweise schildert eine Situation, in der sie bei der Dienstübergabe eine wichtige Information von Mitarbeiterin B nicht bekommen hat. Dadurch ist eine sehr unangenehme Situation mit einer Bewohnerin entstanden, die vermieden hätte werden können: „Sie hätte das nur bei Dienstübergabe sagen müssen“. Es stellt sich heraus, dass gerade die Dienstübergabe und die mangelnde Kommunikation ein großes Problem darstellt. Der Grund liegt aber nicht in der Unfähigkeit oder in den persönlichen Unzulänglichkeiten der Mitarbeiter. Es ist nur einfach gar keine Zeit dafür vorgesehen und es findet auch sonst kein regelmäßiger Austausch zwischen den Mitarbeitern statt.

Das ist ein strukturelles Problem, für das die Mitarbeiter aber beim jeweils anderen die Verantwortung suchen, weil sie den jeweiligen Handlungsspielraum nicht sehen. In diesem Beispiel ist die Leitung der Einrichtung gefordert, entsprechenden Austausch verbindlich vorzusehen. Damit das auch funktioniert, braucht es Zeitressourcen, Übergabeprotokolle usw.

Aus Sicht der Mitarbeiter gibt es hier nur die Möglichkeit, entweder bilateral etwas auszumachen (was schwierig ist) oder dieses Problem eben nach oben weiterzugeben und es anzusprechen (was auch schwierig ist, aber am effizientesten). Das strukturelle Problem an sich liegt nicht im Handlungsspielraum des Einzelnen.

Typische Gedankengänge und Gespräche, wenn Unklarheit über eigene Handlungsspielräume herrscht, sind Selbstbeschuldigungen wie „Hätte ich nur das oder jenes gemacht“ oder Fremdbeschuldigungen wie „Wenn X nur das gemacht hätte, wäre das alles nicht passiert.“

Wie kann ich meine Handlungsspielräume abstecken? Woher weiß ich, wo ich besonders wirksam sein kann? Es gibt einige Leitfragen, die grundsätzlich Orientierung geben können, beispielsweise:

- Wofür bin ich verantwortlich?
- Wo kann ich etwas ändern?
- Wo mache *ich* den Unterschied aus?

Speziell dann, wenn wir zwischen zwei oder mehreren Aktivitäten auswählen müssen, sollten wir uns die folgenden Fragen stellen:

- Wo werde ich jetzt wirklich gebraucht?
- Wer braucht mich jetzt am meisten?
- Wo kann ich ersetzt werden?
- Wo bin ich persönlich gefordert?
- Wo ist meine persönliche Anwesenheit unabdingbar?
- Was hat jetzt Priorität, was ist zum *jetzigen Zeitpunkt* am wichtigsten?

Häufige Konfliktsituationen treten zwischen Beruf und Familie auf. Ich z. B. versuche Abendtermine möglichst zu vermeiden, meine Priorität liegt hier auf der Familie. Ich weiß, dass ich am Abend dort gebraucht werde, hier kann mich auch niemand ersetzen, ich bin höchstpersönlich gefragt. Habe ich nun am Abend eine Präsentation als Projektleiter, dann muss ich diesen Termin natürlich trotzdem wahrnehmen. Hier bin ich verantwortlich, bin ich gefragt.

Geht es aber beispielsweise um ein Netzwerktreffen, um eine Veranstaltung, wo man auch dabei sein sollte, sage ich ab. Auch das hat natürlich Konsequenzen, schmälert das Netzwerk, man ist weniger präsent usw. Doch im Vergleich dazu wäre meine ständige abendliche familiäre Abwesenheit ein viel größerer Schaden.

Ein Problem, das zu negativen Emotionen führt, ist also, dass wir unsere Handlungsspielräume nicht ausreichend erkennen. Das führt dazu, dass wir uns mit den falschen Dingen beschäftigen, uns über Dinge aufregen, die wir nicht ändern können und das vernachlässigen, was in unserem Einflussbereich liegt. Das ist eine Seite. Die andere Seite ist, dass wir auch die Handlungsspielräume der anderen nicht nur nicht richtig einschätzen, sondern sie nicht oder zu wenig respektieren.

Die amerikanischen Psychologen Edward L. Deci und Richard M. Ryan haben die sogenannte Selbstbestimmungstheorie entwickelt, die vor allem in der Organisationspsychologie sehr beliebt ist.[45] Sie lässt sich aber auch wunderbar auf alle anderen Lebensbereiche übertragen. In dieser Theorie geht es darum, dass Menschen drei grundlegende Bedürfnisse haben. Sie wollen kompetent sein (also eben auch wirksam), sie wollen Teil eines sozialen Systems sein (also meist eben keine Einzelgänger, sondern Teil einer Gruppe) und sie wollen autonom sein.

Letzteres ist für unser Thema Handlungsspielraum wichtig. Autonomie heißt hier, dass wir zwischen verschiedenen Optionen selbst auswählen können. Wenn uns diese Entscheidungsmöglichkeiten genommen werden, entstehen negative Emotionen, es demotiviert uns und wir fühlen sich wiederum nicht wirksam.

Deci und Ryan liefern eine ganze Reihe an Vorschlägen, wie man als Führungskraft die Selbstbestimmung seiner Mitarbeiter verbessert. Einige davon kann man auch in das „normale" Alltagsleben übersetzen und damit helfen, negative Emotionen bei anderen Menschen, aber auch bei sich selbst zu reduzieren.

Offene Fragen: Es hilft, im Dialog mit anderen offene Fragen zu stellen und nicht schon Vorab-Bewertungen oder Suggestivfragen zu verwenden. Ein Beispiel: Für viele junge Mütter ist Stillen ein heikles Thema, da es hier sehr starke Meinungen dazu gibt. Wenn darüber geredet wird, fallen häufig verletzende Suggestivfragen wie „Warum stillst du nicht, möchtest du nicht das Beste für dein Kind?" oder in die andere Richtung „Geht dir das Stillen nicht auf die Nerven?" Hier wäre es am besten, ein Gespräch so einzuleiten: „Wie denkst du denn über das Stillen?" oder „Beim Stillen gibt es so unterschiedliche Meinungen, was denkst du darüber?"

Aktives Zuhören: Das ist ein ganz wichtiges Instrument in der Gesprächsführung. Hier kann man beispielsweise Verständnisfragen stellen oder das Gesagte in eigenen Worten zusammenfassen: „Ich habe das jetzt so verstanden: ..."

Wissen teilen, Kontrolle reduzieren: In vielen Gesprächen tendieren wir dazu, dem anderen unsere Meinung aufzudrängen, ihn zu überreden, unsere Perspektive als die Richtige zu akzeptieren. Wer aktiv zuhört, kommt aber schnell in ein anderes Fahrwasser. Hier geht es darum, eigene Erfahrungen und eigenes Wissen zu teilen und nicht das Gesagte des anderen zu bewerten. Sagen Sie Ihrem Gegenüber doch, was Sie machen würden oder gemacht haben und erzählen Sie etwas dazu. Aber sagen Sie dem anderen nicht, was er oder sie machen soll. Nehmen Sie Ihr Gegenüber als jemanden wahr, der eigenen Entscheidungen treffen kann und trifft!

Diese Impulse für eine Gesprächsführung, die die andere Person in ihren Handlungsspielräumen respektiert, haben noch eine andere Intention. Es geht nicht nur darum, dem anderen seine Autonomie zuzugestehen, damit negative Emotionen wie wütende Gefühle und daraus entstehende Konflikte ausbleiben. Es geht auch darum, etwas zu pflegen, was der Wut diametral entgegengesetzt ist: Großzügigkeit und Toleranz. Wut macht uns klein, engt uns ein, macht uns abhängig und unfrei. „Leben und leben lassen" dagegen erhöht die Großzügigkeit und reduziert die Gelegenheiten für negative Gefühle. Das gilt in Freundschaften, am Arbeitsplatz, bei der Erziehung, aber auch in der Partnerschaft.

Ein Beispiel: Der Partner hat ein Jobangebot, das auch Auswirkungen auf das Privatleben und damit natürlich auf Sie und auf andere Familienmitglieder hat. Er erzählt davon und fragt Sie nach Ihrer Meinung.

Was machen Sie? Intuitiv werden die meisten von uns die Folgen auf die eigene Lebensführung einschätzen und gleich damit beginnen, z. B. den Job schlecht zu machen oder Suggestivfragen zu stellen. Stattdessen könnten wir den Grundsätzen der offenen Gesprächsführung folgen und in das Gespräch mit Fragen wie diesen einsteigen:

- „Was würde dir an diesem Job so gefallen?"
- „Was ist dir dabei wichtig?"

- „Wie wird es dir mit der Arbeitslast gehen? Wirst du viele Überstunden machen müssen?“
- „Denkst du, dass du zufriedener sein wirst als jetzt?“

Damit ist ein konstruktiveres Gespräch möglich, als wenn Sie gleich mit „Das kommt gar nicht in Frage“ einsteigen. Bringen Sie neue Perspektiven ein, unterstützen Sie den Entscheidungsprozess, aber entscheiden Sie nicht für den anderen. In den allermeisten Fällen geht es ja nicht um die Teilnahme an einer bemannten Mars-Expedition, die den Partner für Jahre ins All bringt, sondern um Themen, die sich grundsätzlich regeln lassen.

ZUSAMMENFASSUNG

Menschen streben danach, autonom zu handeln. Den meisten ist es wichtig, eine Wahl zu haben. Nur dann fühlen wir uns wirklich wie Menschen. Dazu ist es aber auch wichtig, die eigenen Handlungsspielräume und Wahlmöglichkeiten zu erkennen und zu nutzen. Es ist wesentlich zu sehen, wo wir effektiv sein können und wo nicht.

Schließlich müssen wir auch die Handlungsspielräume der anderen erkennen und anerkennen. Wer anderen nicht seine Meinung, seinen Lebensstil, seine Entscheidungen aufdrängen will, wird damit auch weniger negative Emotionen bei anderen Menschen auslösen und sich so schmerzhafte Konflikte ersparen.

Anti-Wut-Methode #6: Den Stress meistern, fast alles ignorieren

Es ist nicht nur die Fülle an Reizen, die auf uns einwirkt, die den Stress erzeugt. Es ist die Unfähigkeit auszuwählen, was wichtig ist und was nicht. Der konstante Strom an Anforderungen, Verpflichtungen, Nachrichten, akustischen und visuellen Reizen aller Art macht es uns schwer, Prioritäten zu erkennen. Wer seine Prioritäten nicht kennt, lebt in einem diffusen Gefühl, dass „etwas" nicht ganz richtig ist – ohne es identifizieren zu können.

Ignoriere fast alles – erinnern Sie sich an meine Situation mit der Autofahrerin, die mich am Gehsteig fast niedergemäht hätte? Nicht der Fehler der Autofahrerin hat mich geärgert, sondern ihre Reaktion darauf. Die Selbstgefälligkeit, die kindische Weigerung, die Verantwortung zu übernehmen. Eine entschuldigende Geste wäre schon ausreichend gewesen und hätte meine Wut gestoppt. Was hätte ich tun sollen? Wäre ich meinem Impuls gefolgt, hätte ich sie angeschrien, das Kennzeichen notiert und wäre zur Polizei gegangen oder hätte andere nutzlose Dinge getan. Ich war aber auf dem Heimweg, nach einem langen Arbeitstag – meine Priorität lag darauf, schnell zu Hause zu sein. Hätte ich jetzt mit einer Fremden zu streiten beginnen sollen? Das wäre reine Zeitverschwendung gewesen.

So ist es bei vielen Situationen im Alltag. Sie ärgert der unfreundliche Kellner? Ist es Ihre Aufgabe, ihn anzuschnauzen und ihm zu sagen, wie er sich verhalten soll? Das hätten besser seine Eltern gemacht, aber dafür ist es jetzt wohl zu spät. Ihr Versicherungsvertreter hat einen Fehler gemacht, aber hält es nicht für nötig, sich zu entschuldigen? Sie stellen ihn zur Rede? Wenn Sie sich wirklich so ärgern, kündigen Sie den Vertrag und schließen Sie woanders eine neue Versicherung ab. Versicherungen gibt es wie Sand am Meer. Gerade haben Sie es sich in der U-Bahn gemütlich gemacht, schon steigen betrunkene Jugendliche ein, die herumlärmen und nicht allzu respektvoll sind? Was jetzt? Den Erziehungsberechtigten spielen und eine Diskussion anzetteln?

Hier lassen wir uns nur in Konflikte verwickeln, in denen es wenig bis gar nichts zu gewinnen gibt. Das sind flüchtige Situationen, die unmittelbar von neuen Situationen abgelöst werden. Es lohnt sich schlicht nicht, wütend zu werden. Erwachsene Menschen lassen sich ohnehin nicht mehr ändern, schon gar nicht durch jemanden, den sie nicht kennen. Und die meisten Begegnungen im Alltag sind so flüchtig, dass sie es gar nicht wert sind, über die konkrete Situation hinaus „weitergedacht" zu werden.

Diese Dinge zu ignorieren, nicht an sich heranzulassen, bedeutet nicht, gleichgültig oder gar gefühlskalt zu sein. Es bedeutet auch nicht zu ignorieren, wenn jemand Hilfe braucht. Es geht darum, unsere kognitiven Ressourcen für Menschen, Dinge und Interaktionen zu schonen, in denen wir sie wirklich brauchen, weil sie wirklich wichtig sind. In persönlichen Beziehungen, am Arbeitsplatz macht es Sinn, Probleme anzusprechen, schwierige Themen im Gespräch zu klären. Aber in der Kommunikation mit rücksichtslosen Menschen, die wir gar nicht kennen, sollten wir zurückhaltend sein.

Wut und Ärger – das haben wir schon angesprochen – stehen oft in Zusammenhang mit Kränkungen, mit (aus unserer Sicht) unfairer Behandlung. Die Tatsache, dass wir uns kränken lassen, könnte manchmal auch mit unserem Selbstwert und unserem Selbstbewusstsein zu tun haben. Weil uns eine fremde Person nicht den

Respekt erweist, den wir glauben zu verdienen, sind wir gekränkt. Wir fühlen uns zurückgesetzt.

Indem wir hier einen Konflikt beginnen (aus unserer Sicht beginnt ihn natürlich der andere), signalisieren wir, dass wir auf das Feedback der anderen Person irgendwie angewiesen sind. Eine Respektlosigkeit zu ignorieren, darüber hinwegzusehen, die Situation sofort zu verlassen, ohne darauf einzugehen – *das* ist ein Zeichen von Selbstwert und Selbstbewusstsein, ja von Würde und Autonomie: „Ich bin mir zu wertvoll, um mich dem auszusetzen."

Oft haben wir Stress, weil wir daran denken, was alles nicht erledigt ist, worum wir uns noch kümmern müssen. Dann lesen oder hören wir Ratschläge, die uns daran erinnern, nichts zu verschieben, alles möglichst gleich zu erledigen, damit sich nichts aufstaut und wir weniger Stress haben. Doch kaum jemand hinterfragt, ob das, was erledigt werden soll, wirklich alles nötig ist.

Viele Dinge, die wir uns aufhalsen, werden von außen an uns herangetragen. Oft ist es nicht einmal so, dass uns jemand darum gebeten hätte, sondern dass wir glauben, es würde von uns erwartet. Dann haben wir ein schlechtes Gewissen, wenn etwas nicht gemacht ist – und das wiederum führt nicht nur zu mehr Stress, sondern macht uns möglicherweise auch ärgerlich.

Der Philosoph Friedrich Nietzsche schrieb: „Die Formel meines Glücks: Ein Ja, ein Nein, eine gerade Linie, ein Ziel."[46] Um sich dem Sog von diffusen Erwartungen und Anforderungen zu entziehen, ist mehr Klarheit über die eigenen Ziele und Prioritäten nötig. So ist es möglich, Angelegenheiten einfach auch einmal links liegen zu lassen und sie uns nicht eigen zu machen, sondern dafür zu sorgen, dass uns nicht *alles* betrifft und betroffen macht.

Es gibt Maßnahmen, mit denen sich dieses „Ignoriere fast alles" auch umsetzen lässt, ohne dass man davon gleich zum menschenvermeidenden Autisten werden muss. Zunächst geht es darum, zwischen für *mich* „wichtigen" und „unwichtigen" Personen zu unterscheiden. Achtung, das heißt nicht, Menschen respektlos oder beleidigend zu begegnen. Ich möchte das mithilfe der folgenden Analogie erklären:

Im siebten, achten Lebensmonat beginnen kleine Kinder zwischen vertrauten und fremden Menschen zu unterscheiden. In der Alltagssprache bezeichnen wir das damit verbundene Verhalten als „Fremdeln", das bei manchen Kindern mehr, bei anderen weniger ausgeprägt ist. Kinder wollen dann nicht zu einer anderen Person, wollen bei ihrer Mama bleiben, verstecken sich hinter ihr oder bekommen einen Heulkrampf, wenn es zur Trennung kommt. Was für Eltern sehr belastend sein kann, ist ein normaler Entwicklungsschritt.

Wenn Kinder dagegen sehr pflegeleicht erscheinen und selbst bei einer Verletzung oder einer anderen unangenehmen Situation den Trost von einer fremden Person dem der eigenen Bezugspersonen vorziehen, spricht das für eine ungünstige Bindung. Einen Unterschied zu machen zwischen vertrauten und fremden Personen ist also gesund und gut – nicht nur bei Kindern.

„Ignoriere fast alles" heißt in diesem Sinne, dass wir uns das „Fremdeln" auch als Erwachsene erhalten und zwischen fremden und vertrauten Menschen unterscheiden. Es hat nichts mit Arroganz zu tun, wenn wir nicht mit jedem alles bereden, nicht mit jedem alles teilen, weder in der realen noch in der virtuellen Welt.

Vertraute Menschen sind in diesem Sinne nicht nur Familie und Freunde, sondern können auch Arbeitskollegen oder Sportkameraden sein. Wenn Sie jemanden beeindrucken wollen, tun Sie es nicht bei Fremden, sondern bei Ihren Bezugsgruppen. Ihre Referenzgruppe erkennen Sie nicht auf Social Media, sondern daran, mit welchen Menschen Sie die meiste Zeit verbringen – im echten Leben.

In einem lesenswerten Artikel gehen die Autoren Brett und Kate McKay auf zwei Maßnahmen ein, die auch bei unserem Vorhaben, Stress durch Ignorieren zu reduzieren, sehr hilfreich sein können. Sie beschreiben recht eindrucksvoll, dass gerade zwei der gängigsten Verhaltensmuster, um auf schwierige oder unerfreuliche Situationen zu reagieren, nutzlos sind. Gemeint sind „sich erklären“ und „sich beschweren“.[47]

Der Hintergrund: Wenn uns jemand Vorwürfe macht oder versucht, unser Handeln zu hinterfragen, gehen wir sehr schnell in eine Verteidigungsposition. Wir versuchen zu erklären, warum wir etwas machen oder gemacht haben. Die McKays halten das für eine schlechte Idee. Erklärungen münden häufig in Entschuldigungen, so ihre These.

Ein Beispiel: Ein Kollege fragte mich im Zusammenhang mit meinen wissenschaftlichen Leistungen, wie ich dieses Arbeitspensum in den letzten Jahren bewältigt hätte. Meine Antwort oder besser meine Art, darauf zu antworten, ärgerte mich gleich danach. Statt es darzustellen, wie es war, mit all seinen Schwierigkeiten und Entbehrungen, aber eben als respektable Leistung, ging ich dazu über, meine Leistungen zu schmälern, kleiner zu machen – eigentlich deshalb, damit sich mein Kollege nicht schlecht fühlt. Ich entschuldigte mich fast dafür, dass ich hart gearbeitet hatte.

Noch ein Beispiel: Ein Dozentenkollege erzählt mir, wie er umsonst zur Hochschule gefahren sei, weil die Bürokraft den Unterrichtstermin zweimal vergeben hatte. Mein Kollege hatte deshalb wider Erwarten frei. Zuerst ärgerte er sich, doch am Ende konnte er vieles erledigen, was noch auf seinem Schreibtisch lag. Für uns interessant ist allerdings die Reaktion der Bürokraft: Die Terminplanerin entschuldigte sich dafür, sie meinte, sie habe so viel Arbeit und so viele Termine, dass das ja kein Wunder sei, auch wenn sie nicht wirklich wisse, wie das passiert ist.

Okay, werden Sie vielleicht sagen, ist doch gut, sie hat sich entschuldigt. Ja, natürlich ist es gut, sich zu entschuldigen, wenn man einen Fehler gemacht hat. Das zeigt Größe und stellt das Verhältnis zur anderen Person wieder her. Es zeigt, dass einem der Nachteil, der vielleicht für den anderen entstanden ist, nicht egal ist. Aber: Wer es damit übertreibt, stellt dabei seine Kompetenz in Frage, macht sich kleiner, als er ist. Wer arbeitet, macht schließlich Fehler. Sagen Sie knapp, was der Fehler war und wie Sie vorgehen, um ihn in Zukunft zu vermeiden bzw. um das Malheur zu beheben. Demütigende Entschuldigungsmonologe sind dafür nicht nötig.

Achten Sie auch darauf, wem Sie Erklärungen in welchem Ausmaß schulden. Es sind in erster Linie die Menschen, die Ihnen nahestehen. Bei Kunden und Arbeitskollegen wird man sich auch gelegentlich erklären müssen – aber immer nur so viel wie notwendig, um die folgenden Schritte zu begründen. Hier geht es weniger um das Erklären der Vergangenheit als um den Blick in die Zukunft.

„Erklären überträgt die Macht auf den anderen“, meinen Brett und Kate McKay. Gemeint ist, dass der andere durch die Erklärung eine Aufwertung erfährt – er ist jemand, dem man Rechenschaft schuldig ist. Wenn das nicht wirklich so ist und der andere diese Erklärungen nutzt, um uns zu hinterfragen, fühlen wir uns schlecht. Wir sind verärgert, vielleicht über den anderen, aber auch über uns selbst.

Erklären führt also leicht dazu, dass wir in eine Entschuldigungsspirale hineinkommen, die zu nichts anderem führt, als dass wir uns selbst schlecht fühlen. Ähnlich ist es bei einem anderen sehr menschlichen Phänomen, dem „Sich-Beschweren“.

Das Leben ist merkwürdigerweise so gestaltet, dass häufig unerfreuliche Dinge passieren oder auch nur Dinge, die uns nicht ganz so gut in den Kram passen. Einige Beispiele:

- das schlechte Wetter
- der wahlweise laute, peinliche, unerträgliche Nachbar
- der Chef wahlweise als Kontrollfreak oder als einer, der sich um nichts kümmert (auch als „Boss ghosting“ bezeichnet), als einer, der nicht wertschätzend ist, der sich in alles einmischt, sich nicht auskennt, sich nicht für einen einsetzt usw.
- der Freund, auf den man sich nicht verlassen kann
- die undankbaren Kinder
- der eigene Gesundheitszustand
- Zustelldienste jeder Form
- das Essen im Restaurant
- die mysteriöse Rechnungslegung der Versicherung und, und, und ...

Klar, sich beschweren oder mal nörgeln kann auch erleichternd sein. Aber man sollte es sich nicht zur Gewohnheit machen, denn die negativen Emotionen sind damit selbstgemacht. Ein Zitat der McKays liefert das beste Instrument dafür, um sich gegen das Nörgeln und Beschweren zu schützen: „Die Welt existiert nicht, um meine Erwartungen zu erfüllen.“ Wenn mir in einem Restaurant das Essen nicht schmeckt oder ich das Verhalten des Kellners unmöglich finde, kann ich damit umgehen, indem ich „woanders hingehe oder etwas selbst mache“, was eher meinen Erwartungen entspricht.

Wir leben in einer Welt der Bewertungen und des Feedbacks. Womöglich wird deren Bedeutung aber überschätzt. Schlechte Bewertungen und negatives Feedback sind häufig sehr subjektiv (genauso wie gute Bewertungen oder positives Feedback). Man kann Dinge oft so oder so sehen, vieles ist einfach Geschmackssache. Was nützt es einem Gastronomen, wenn zwei Leute ihn wegen seines Verhaltens kritisieren und wieder andere es loben, wie er den Laden „im Griff" hat?

Genauso verhält es sich bei Bewertungen, wo unsere Sachkenntnis einfach nicht ausreicht. Es gibt einen Unterschied zwischen „Der Wein war schlecht" und „Der Wein schmeckt mir nicht." Die allermeisten Menschen wissen zu wenig über Wein, um ihn gut beurteilen zu können.

Beschwerden oder Feedback können schließlich auch mehr über die Unkenntnis des Feedbackgebers aussagen als über den, der bewertet wird. Schlechte Rezensionen über Franz Kafkas „Prozess" oder Goethes „Faust"? Es ist voll in Ordnung, wenn diese Himmelstürmer der Weltliteratur nicht Ihren Geschmack treffen! Aber zu behaupten, Kafka oder Goethe konnten nicht schreiben oder wüssten nicht, wie man eine Handlung aufbaut, wäre einfach nur unsinnig.

Beschweren ist also etwas, womit wir uns zurückhalten sollten. Das bedeutet nicht, dass wir von gerechtfertigten Ansprüchen zurückweichen sollten. Hier lohnt es sich dranzubleiben, vor allem, wenn wir einen Nachteil für uns ausräumen möchten. Aber sonst gilt: Menschen machen die Dinge eben auf ihre Art – akzeptieren wir das. Wir möchten das ja auch für uns selbst.

ÜBUNG

Machen Sie eine Liste mit Erklärungen, Entschuldigungen und/ oder Beschwerden, die sich in Ihrer Vergangenheit eher als Bumerang erwiesen haben. Schreiben Sie jeweils auf, ob und warum sie sich danach schlecht gefühlt haben oder sogar ärgerlich oder wütend wurden.

Dann überlegen Sie, wie Sie diese Situationen anders hätten lösen können. Legen Sie sich ein Vorgehen für zukünftige ähnliche Gegebenheiten zurecht.

ZUSAMMENFASSUNG

Stress hat nicht nur eine Menge negativer langfristiger Wirkungen auf unsere Gesundheit. Er sorgt auch dafür, dass wir dünnhäutiger, intoleranter und emotional instabiler werden. Wer mehr Stress hat, ärgert sich mehr und wird auch öfter wütend. Daher ist es auch für die Wutprävention so wichtig, mit der eigenen Energie sorgsam umzugehen.

Denken wir einfach daran, was Kinder tun. Sie wissen immer genau, was ihre Prioritäten sind (auch wenn sie sich nicht mit jenen der Erwachsenen decken). Aus einem konzentrierten Spiel lassen sie sich kaum ablenken. Sie wissen genau, was ihre vertraute Umgebung ist und wo und beim wem sie sie verlassen.

Daher: Ein bisschen „Fremdeln" schadet auch uns Erwachsenen nicht. Lassen wir uns nicht von allem vereinnahmen, reagieren wir nicht auf alles. Das spart uns negative Emotionen und damit Energie – Energie, die wir für unsere Angelegenheiten und für uns wichtige Menschen und Dinge benötigen.

Anti-Wut-Methode #7: Die Wut konstruktiv einsetzen

Alles, was wir bis jetzt gehört haben, alle Impulse und Tipps zielen darauf ab, dass wir unsere Wut besser kontrollieren oder mit der Wut anderer besser umgehen können. Doch vergessen wir nicht unser Beispiel vom Anfang des Buches. Sabines Wutanfall kam nicht einfach aus dem Nichts. Es gab Gründe dafür.

Wir haben festgehalten, dass negative Emotionen wie Ärger und Wut eine Funktion erfüllen. Sie weisen uns darauf hin, dass wichtige Bedürfnisse nicht erfüllt werden, dass etwas Unrechtes oder Unfaires passiert oder passiert ist. Es ist daher nicht nur wichtig, die eigene Wut zu kontrollieren, sondern auch, ihren Ursachen auf den Grund zu gehen.

Es gibt aber auch Situationen, in denen das Zeigen von Wut sinnvoll und nützlich sein kann. In denen es vielleicht sogar Sinn macht, Wut oder Ärger zu zeigen, damit Unrecht, Unfaires nicht passiert oder korrigiert wird. Damit wichtige Bedürfnisse Gehör finden.

Wie kommt Wut bei anderen an? Bisher sind wir davon ausgegangen, dass Wut negative Auswirkungen auf so gut wie alles Zwischenmenschliche hat. Und sicher: Wer ständig Wutanfälle bekommt, wird irgendwann gemieden. Mit Menschen, die ihre negativen Emotionen unkontrolliert herauslassen, möchte man nicht zu viel zu tun haben.

Doch sehen wir noch ein bisschen genauer hin. Das Zeigen von Wut und Ärger hat nicht immer nur negative Auswirkungen auf soziale Situationen. Sie kann uns in manchen Lebenslagen auch nützlich sein, vor allem dann, wenn wir in der Lage sind, negative Emotionen kontrolliert und der Situation angemessen zu zeigen.

Psychologische Experimente in Verhandlungssituationen haben gezeigt, dass Wut bzw. Ärger dem Gegenüber signalisiert, dass ein wenig attraktives Angebot sehr wahrscheinlich zurückgewiesen wird. Mit anderen Worten: Wut signalisiert dem anderen „Ich lasse mit mir nicht alles machen“ und stärkt damit die eigene Verhandlungsposition, allerdings nur dann, wenn der andere den Deal nicht gerne platzen lassen möchte.[48]

Weitere Studienergebnisse legen nahe, dass das Zeigen von Wut Auswirkungen auf den gefühlten Status einer Person haben kann. So werden Politiker, die aufgrund einer Beschuldigung Ärger zeigen, eher unterstützt, als wenn sie Traurigkeit zeigen. Kollegen ordnen Mitarbeitern, die Wut zeigen, einen höheren sozialen Status zu und bewerten deren Kompetenz höher.[49] Zudem wird Chefs, die Wut zeigen, mehr Macht zugeschrieben.[50]

Fassen wir kurz zusammen: Wut und Ärger haben neben den unbestreitbaren negativen Auswirkungen auf unsere zwischenmenschlichen Beziehungen fallweise auch einige positive Nebeneffekte. Wer punktuell Wut bzw. Ärger zeigt, kann Eindruck auf seine Mitmenschen machen. Es kann sein, dass man ernster genommen wird, dass das Thema plötzlich als wichtiger und die Person als kompetenter empfunden wird – nach dem Motto „Wer es sich erlauben kann, wütend zu sein, muss wichtig sein und sich auskennen.“

Wut hat also eine Signalwirkung auf andere Menschen, zeigt dem Gegenüber, dass Ihnen etwas wichtig ist. Es macht keinen Sinn, diese Emotion vollkommen aus Ihrem Repertoire zu verbannen. Es gilt aber sorgfältig auszuwählen, wo Wut und Ärger zu zeigen sinnvoll ist und dazu beiträgt, dass Sie nicht nachgeben oder einfach übergangen werden.

Zurück zu unserem Beispiel: Sabines Wutanfall kann auch den Anfangspunkt darstellen, zwischenmenschliche Probleme anzugehen oder eine Situation zu verändern, die so einfach nicht „passt“. Dazu hätte beispielsweise gehört zu erklären, warum sie wütend geworden ist. Leider haben Sabine und ihr Mann diese Chance verstreichen lassen und sich gegenseitig mit Schweigen bestraft. Doch diesen Fehler müssen Sie nicht machen.

Wenn es Ihnen schwerfällt, Gesprächssituationen zu identifizieren, wo etwas Wut bzw. Ärger tatsächlich hilfreich sein kann, habe ich einige Vorschläge für Sie, über die es sich lohnt nachzudenken.

- **In der Arbeit:** Es gibt sie, die Kollegen, die uns testen, ob wir einfach ihre Arbeit machen, wenn sie sich ausreichend dumm stellen und an unsere Hilfsbereitschaft appellieren. Signalisieren Sie Unterstützung, beraten Sie, sagen Sie, was Sie machen würden, aber machen Sie es nicht selbst! Wenn das nicht hilft, können Sie in diesem Fall auch einmal deutlichere Worte finden. Vermeiden Sie den persönlichen Angriff, aber stellen Sie klar, dass jeder seine Aufgabenbereiche hat.
- **Als Kunde:** Ihr neues Produkt hat einen Schaden, funktioniert nicht. Sie müssen nochmals in das Geschäft fahren, um es umzutauschen. Wider Erwarten ist man hier so gar nicht kooperativ. Es ist viel los, der Verkäufer rät Ihnen, ein anderes Mal zu kommen, er sei schließlich beschäftigt. Stellen Sie klar, dass das Problem jetzt gelöst werden muss, vermitteln Sie den Eindruck, dass Sie etwas anderes auf keinen Fall akzeptieren.
- **Unter Freunden:** Ein Freund nutzt Ihre Hilfsbereitschaft aus. Er borgt sich zum wiederholten Mal Geld und zahlt es nicht zurück. Ihre Beziehung zu diesem Freund ist gepflastert von

gebrochenen Versprechungen. Es ist Zeit, Klartext zu reden und den Ärger auch dosiert zu zeigen – nur so wird klar, dass Sie es ernst meinen.

- **Mit Kindern:** Die Kinder sollen sich anziehen, ins Bett gehen oder zum Essen kommen – wie immer klappt das nicht, sie tanzen Ihnen auf der Nase herum und testen Ihre Grenzen aus. Wie reagieren Sie? Ein Beispiel, das ich einmal miterleben durfte: Eine etwa vierjähriges Kind sitzt mit der Mutter am Tisch und bekommt von ihr ein Glas Wasser. Das Kind schaut die Mutter an, nimmt das Glas und verschüttet das Wasser absichtlich über den Tisch. Die Mutter steht wortlos auf, holt einen Lappen und putzt alles zusammen. Sie füllt das Glas nochmal, wieder schüttet das Kind das Glas aus, wieder putzt die Mutter wortlos, diesmal bekommt es kein weiteres Glas. Glücklicherweise haben wir heute die Erkenntnis, dass Erziehung gewaltfrei passieren muss. Doch bedeutet das, dass alle Verhaltensweisen eines Kindes akzeptiert werden müssen? Nein, auch Kinder müssen erkennen – je nach Alter – dass etwas nicht richtig ist, dass das absichtliche Verletzen von Bedürfnissen anderer nicht in Ordnung ist, und dass wir Erwachsene auch Gefühle haben. Man kann seinen Ärger auch zeigen ohne herumzuschreien und erklären, warum man ärgerlich ist. Am Ende des Beispiels sollte die Erkenntnis stehen, dass Wasser zum Trinken da ist und nicht, um es über den Tisch zu leeren.

ÜBUNG

Überlegen Sie: In welchen Situationen macht es für Sie Sinn, Wut und Ärger zu zeigen, damit die eigenen Bedürfnisse und Wünsche nicht ignoriert werden?

Mit „Die Wut konstruktiv einsetzen“ will ich Sie nicht zu unkontrollierten Wutanfällen verleiten, sondern Ihnen nahelegen, dass aus Wut und Ärger auch etwas Produktives entstehen kann. Selbstbehauptung und Durchsetzungsfähigkeit können sich auch aus negativen Emotionen entwickeln.

Zu guter Letzt möchte ich Ihnen in diesem Abschnitt nicht vorenthalten, dass Menschen auch die Wut der anderen systematisch zu ihren eigenen Zwecken nutzen. Das sollten wir Ihnen möglichst schwermachen. Daher: Lassen sich nicht provozieren! Manche Provokationen sind nicht inhaltlich ernst gemeint, sondern dienen dazu, dass Sie sich ärgern oder wütend werden.

Untersuchungen zeigen, dass Menschen vor allem in Konkurrenzsituationen jemanden provozieren, wenn sie glauben, dass sie damit die Leistungsfähigkeit des anderen beeinträchtigen. Nicht umsonst nennt man dieses Phänomen den „Materazzi-Effekt“.[51]

Marco Materazzi, italienischer Nationalspieler, schien im Fußball-WM-Finale 2006 sein Bestes zu geben, um den französischen Ausnahmefußballer Zinedine Zidane wütend zu machen. Mit Erfolg: In der Verlängerung wurde Zidane am Trikot gehalten, es folgte ein Wortwechsel, in dem Materazzi seinen Gegenspieler beleidigte. Zidane konnte seine Wut nicht zähmen, ging zunächst scheinbar ungerührt ein paar Schritte weiter, drehte sich plötzlich um und versetzte Materazzi einen Kopfstoß vor die Brust. Momente später sieht man den Schiedsrichter mit der roten Karte auf Zidane zulaufen. Italien gewinnt schließlich im Elfmeterschießen.

Wie hätte sich Zidane verhalten sollen? Eigentlich wäre alles andere besser gewesen. Er hätte weitergehen können. Nichts mehr sagen wäre eine Option gewesen. Oder für einen Fußballer realistischer: „Marco, wir reden noch – nachdem du das Spiel hier verloren hast.“

Solche Situationen kennen wir auch bei Kindern. Ein Kind provoziert ein anderes, damit es geschimpft wird. Aber es gibt natürlich auch viel subtilere Methoden, jemand anderen zu provozieren. Ich denke an ein Assessment-Center zurück, in dem die ausgewählten Job-Kandidaten verschiedene Aufgaben zu bewältigen hatten. Eine Kommission beobachtete sie dabei und wählte schließlich den „Besten" für den Job aus.

Zu meinem Erstaunen entschied sie sich für einen Mann, der am wenigsten kooperativ gewesen war. Allerdings war das nicht offensichtlich, weil er die Kunst der subtilen Provokation bestens beherrschte. In einer Gruppenarbeit beteiligte er sich gar nicht, erst als die Präsentation vor der Kommission anstand, wertete er die Aussagen der anderen Gruppenmitglieder indirekt ab und lenkte den Fokus auf sich selbst („Frau Y hat zunächst vorgeschlagen, dass ..., aber ich habe dann meine Erfahrung ins Spiel gebracht, und hier zeigt sich, dass ... am besten wäre").

Zudem verstand er etwas von psychischer Manipulation und wandte seine Kenntnisse konsequent an. Die Kandidaten mussten jeweils schwierige Mitarbeitergespräche führen, und zwar nacheinander mit einem Schauspieler. Ein Kandidat machte seine Aufgabe offensichtlich recht gut, der nächste an der Reihe war Herr X, der mit den Worten „Ich erlöse meinen Vorgänger von dieser Gesprächssituation" vor die Kommission trat. Damit entstand der Eindruck, dass er das Gespräch besonders schlecht geführt habe. Der Vorgänger durchschaute dieses Manöver und zeigte seinen Ärger: „Diese Sticheleien sind wirklich völlig unnötig." Die Mitglieder der Kommission quittierten diese ärgerliche Reaktion mit Befremden. Das Manöver von Herr X hatte Erfolg, ob sein Arbeitgeber immer noch glücklich mit ihm ist, wage ich allerdings zu bezweifeln.

ÜBUNG

Denken Sie darüber nach, wo Sie das letzte Mal wütend wurden, weil sie jemand anderer absichtlich provoziert hat. Wie haben Sie sich verhalten? Würden Sie das nächste Mal etwas anders machen?

ZUSAMMENFASSUNG

Wut und Ärger haben ihre Funktionen. Wir sollten unsere negativen Emotionen nicht einfach wegsperren oder unterdrücken. Es gibt sogar Situationen, in denen wir diese Gefühle nutzen können, um uns selbst zu behaupten oder uns in einer wichtigen Sache durchzusetzen.

Wut zu zeigen, kann anderen signalisieren, dass Ihre Meinung bedeutsam ist, dass Sie hier ernst genommen werden wollen und nicht nachgeben möchten. Es geht daher darum, die Wut auch mal strategisch einzusetzen, um einer wichtigen Angelegenheit Nachdruck und Klarheit zu verleihen – mit den Methoden in diesem Buch können Sie das zunehmend besser.

Zu guter Letzt sollte uns aber auch klar sein, dass Menschen uns in ihrem eigenen Interesse provozieren können, nicht, weil sie wirklich an die Inhalte glauben, die sie vertreten, sondern weil sie uns schwächen möchten.

ZUM SCHLUSS

Wissen Sie, was ein „Wiener Schluss“ ist? Der österreichische Kaiser Joseph II. ordnete an, dass Theaterstücke ein gutes Ende nehmen mussten. Er wollte das Theater nicht in schlechter Stimmung verlassen, und so musste schließlich mancher Klassiker umgeschrieben werden, um der kaiserlichen Vorgabe zu entsprechen.

Ich bin – glücklicherweise – kein Kaiser, sondern nur ein Psychologe und Buchautor. Und doch wünsche auch ich mir ein gutes Ende, einen „Wiener Schluss“. Wenn wir mit unserer Wut positiver umgehen möchten, die negativen Auswirkungen von Wut und Ärger stoppen möchten, müssen wir uns Ziele setzen. Ziele setzen bedeutet nichts anderes, als sich einen erwünschten zukünftigen Zustand vorzustellen. Einen „Wiener Schluss“ eben.

Auf den vergangenen Seiten haben wir viele Beispiele diskutiert. Vor allem Sabine, unsere fiktive Vertraute in diesem Buch, hat uns immer wieder beschäftigt.

Ich stelle mir nun vor, dass Sabine die negativen Auswirkungen ihres Ärgers besser in den Griff bekommen hat. Vielleicht indem sie dieses Buch gelesen hat und sich von den Impulsen inspirieren hat lassen:

- *Sie hat sich einen Wut-Kontrollplan zurechtgelegt, um ihren Ärger zu managen und nicht unkontrolliert rauszulassen.*
- *Sie versteht nun ihre eigene Wut besser und welche Bedürfnisse verletzt sind, wenn sie wütend wird. Meistens entstehen der Ärger und die Wut aus Überforderung und dem Gefühl, nicht unterstützt zu werden.*

- *Sie und ihr Mann haben schließlich entscheidende Gespräche geführt und versucht, die in diesem Buch angeführten Impulse zu nutzen, um diese Gespräche erfolgreicher zu machen.*
- *Die beiden haben nun eine ganze Reihe an Kleinigkeiten verändert, um ihr Leben stressfreier zu gestalten. Sie nehmen sich bewusst Zeit zu zweit, sie begegnen sich mit empathischer Offenheit und nehmen die Bedürfnisse und Probleme des jeweils anderen ernst, sie nutzen verstärkt ihr soziales Netzwerk, um sich auch helfen zu lassen. Beide haben ihr Arbeitspensum im Job durch eine reduzierte Arbeitszeit heruntergeschraubt.*
- *Es ist bei Weitem nicht perfekt, Wut und Ärger sind nicht wie durch Zauberhand aus ihrem Leben verschwunden, aber die Konflikte zwischen ihnen sind viel seltener geworden, und was am wichtigsten ist: Sie finden meist zu einer konstruktiven Lösung.*
- *Auch Sabines Mann hat durch das veränderte Verhalten seiner Frau viel dazugelernt. Er versteht ihre Perspektive besser und erkennt die Auslösesituationen, wenn er sich schweigend zurückziehen möchte. Immer dann versucht er jetzt, aktiv das Gespräch zu suchen.*

Ende gut, alles gut – klingt das zu kitschig? Ja, vielleicht haben Sie recht. Aber um den Weg attraktiv zu machen, sollten wir uns das Ziel besonders schön ausmalen.

Wie sieht Ihr Wiener Schluss aus? Wie könnten Sie Ihre Geschichte weiterschreiben? Was können Sie tun, um Ihre Vorstellung wirklich werden zu lassen? Ich habe versucht, Ihnen Impulse zu bieten, die Ihnen dabei helfen können. Wichtig ist: Sie wählen aus, was Sie für passt und stimmig ist! Nicht alles funktioniert bei allen.

Ich wünsche Ihnen, dass Sie Ihrem Wiener Schluss nahekommen, aber dass es für Sie kein Ende ist, sondern ein Neuanfang. Wenn die Wut sich dann doch nicht immer so behandeln lässt, wie Sie sich das vorstellen: Bleiben Sie nachsichtig mit sich selbst. Der Weg ist das Ziel!

DER „WERKZEUGKOFFER WUT" – DIE TOP 7

Dieses Buch ist voll mit Gedanken, Impulsen, Beispielen und Handlungsempfehlungen zum Thema Wut. Manchmal bleibt keine Zeit, alles erneut nachzulesen, sondern man möchte schnell eine Idee griffbereit haben oder an etwas erinnert werden, was man schon vor längerer Zeit gelesen hat. Daher habe ich hier die wichtigsten Werkzeuge und Impulse nochmals zusammengefasst, damit sie auf die Schnelle für Sie verfügbar sind.

1. Nutzen Sie Wut als Signal

Suchen Sie keine Stellvertreter für Ihre Wut! Fangen Sie nicht wegen eines anderen, weniger heiklen Themas zu streiten an. Bleiben Sie beim tatsächlichen Thema. Besprechen Sie Ihr Problem mit der Person, die es ausgelöst hat. Lassen Sie es nicht andere, „ungefährlichere" Personen spüren.

Im Buch finden Sie Anregungen, wie Sie die Ursachen der eigenen Wut analysieren. Sehr oft ist die Wut ein Signal für verletzte Bedürfnisse. Sie wissen nun, dass sowohl „Herauslassen" als auch „Hinunterschlucken" keine idealen Reaktionen auf das Wut-Erleben sind. Selbstbehauptung dagegen heißt, die eigenen Bedürfnisse zu artikulieren, aber ohne andere Menschen abzuwerten oder zu beleidigen.

2. Löschen Sie den Vulkan

Wenn der Vulkan ausbricht, ist es am besten, Sie verfolgen Ihren Wut-Kontrollplan. Hier ist keine Zeit mehr für Grundsätzliches, daher kann es Sinn machen, sich auf die folgenden drei Punkte zu beschränken:

- **Schauen Sie auf die Uhr.** Warten Sie zehn Minuten mit Ihrer Reaktion und manches wird schon ganz anders aussehen. Wut beschleunigt die Kommunikation im negativen Sinn, sie bringt uns in eine Konfliktspirale, aus der es schwierig ist, wieder herauszukommen. Indem Sie sich zwingen, eine Pause zu machen, langsam zu reagieren oder eine Situation für kurze Zeit zu verlassen, können Sie die Wutwelle unterbrechen oder zumindest abmildern.
- **Denken Sie an die Folgen.** Wenn Sie der Wut freien Lauf lassen – was passiert dann? Vielleicht war es beim letzten Mal peinlich, Sie mussten sich entschuldigen, hatten vielleicht einfach unrecht. Sie haben jemanden beleidigt oder verletzt. Was bedeutet das für Ihre Beziehung mit der anderen Person? Wer aktiv an die Folgen denkt, kann die sich aufbauende Wut vielleicht noch stoppen.
- **Atmen Sie tief durch.** Atmung ist (fast) alles! Wut ist auch eine körperliche Reaktion, die Sie abmildern können. Tiefes Durchatmen oder auch nur bewusstes, konzentriertes Atmen beruhigt automatisch. Man kann nicht ruhig atmen und gleichzeitig vor Wut außer sich sein!

3. Denken Sie an Ihre Haltung

Das ganze Buch über haben Sie an Ihrer Einstellung und Ihrer Haltung gearbeitet. Empathische Offenheit ist eine Form der Haltung, die auch auf andere eingeht, sensibel ist für die Bedürfnisse des anderen, aber auch für die eigenen. Nebenbei trägt sie zu Verhaltensweisen bei, die es schwierig machen, wütend zu werden.

- **Lieber zuhören als selber reden.** Was sagt die andere Person wirklich? Was bringt sie zum Ausdruck? Fragen Sie nach. Wer immer selber spricht, erfährt nichts. Gehen Sie auf das ein, was Ihr Gegenüber gesagt hat. Keine vorgefertigten Antworten, keine voreiligen Bewertungen – wer aktiv zuhört, versteht den anderen besser. Es gibt kaum eine bessere Wutprophylaxe.
- **Gesprächsfähig bleiben, statt die eigene Macht (aus-) zu nutzen.** Man kann sich in einem Gespräch eingestehen, dass man auf keinen grünen Zweig kommt, weil die Meinungen zu weit auseinanderliegen. Lassen Sie nicht zu, dass ein erfolgloses Gespräch dazu führt, dass die Kommunikation völlig abbricht. Gesprächsfähig bleiben heißt, weiterhin ansprechbar bleiben, auch wenn das Gegenüber weiß, dass Sie eine völlig andere Perspektive haben.
- **Akzeptieren, dass man nicht die Kontrolle hat.** Eine der häufigsten Ursachen für Wut ist die gerechtfertigte oder eingebildete Angst, die Kontrolle zu verlieren. Akzeptieren Sie, dass Sie die Kontrolle verlieren. Ihre Handlungsspielräume sind immer noch groß genug!

4. Nehmen Sie die Perspektive des anderen ein

Wenn uns jemand oder etwas wütend macht, ist es schwierig, auf Argumente zu hören. Erinnern Sie sich an den Beginn des Buches? Die Physiologie der Wut reduziert unsere Aufmerksamkeit auf unser „Wut-Ziel". Um das zu ändern und damit der Wut entgegenzuwirken, müssen Sie bewusst und aktiv gegensteuern. Eine dieser Gegenmaßnahmen ist das bewusste Einnehmen der Perspektive des anderen.

- Nehmen Sie – vielleicht auch nur kurz – die Perspektive Ihres Konfliktpartners ein!
- Wie steht er zu diesem Konflikt? Was ist eigentlich sein Problem?
- Wie fühlt sich diese Person wahrscheinlich? Was denkt sie?

Wer die Brille eines anderen aufsetzen kann – so ungenau das auch immer ist, schließlich werden wir nie ganz genau wissen, wie es ist, ein anderer zu sein –, führt sich selbst aus dem Gefängnis der eigenen Vorurteile und Missverständnisse heraus. Wut ist starr und intolerant, sie akzeptiert nicht, dass es noch eine andere Position gibt. Dem können Sie aktiv entgegenwirken.

5. Überlegen Sie: Ist das ein entscheidendes Gespräch?

Ein Abschnitt in diesem Buch beschäftigt sich mit dem Erkennen und Führen von entscheidenden Gesprächen. Sehr oft taumeln wir in wichtige Gesprächssituationen ohne die entsprechende Vorbereitung – mit schwerwiegenden Folgen. Sehr oft können wir im Vorhinein feststellen, ob ein Gespräch zu negativen Emotionen wie Wut bei einem selbst oder beim Gesprächspartner führen wird.

Erkennen Sie daher zunächst, ob es ein normales Alltagsgespräch ist oder ein entscheidendes Gespräch. Ein wichtiger Hinweis ist, welche Folgen der Ausgang eines solchen Gesprächs haben kann. Was ist, wenn es schiefgeht? Kann es nachhaltige Folgen für Ihre Beziehung zu der anderen Person haben? Ist das ein sensibles Thema, das geeignet ist, um jemand anderen zu verletzen? Oder kann es in Ihre Richtung gehen und Sie wütend machen, sodass Sie wenig konstruktiv reagieren?

Beim Führen eines solchen Gesprächs sind drei Dinge besonders wichtig:

- Sicherheit geben – der andere soll das Gefühl haben, in einer sicheren Gesprächsatmosphäre zu sein und eine „faire Chance“ zu haben
- die eigene Perspektive darstellen
- den anderen einladen, seine Perspektive darzustellen

Das alleine reicht noch nicht. Ab hier geht es darum, möglichst eine gemeinsame Sichtweise zu entwickeln. Nicht immer wird das gelingen. Aber diese Vorgehensweis wird in vielen Situationen dazu führen, negative Emotionen, Wut, Ärger aber auch Angst zu reduzieren. Damit wird die Beziehung zu dieser anderen Person weniger belastet, Sie bleiben Gesprächspartner.

6. Nutzen Sie den eigenen Handlungsspielraum

Von Wut, Ohnmacht und dem Gefühl mangelnder Kontrolle haben wir einiges gehört. Umso wichtiger ist es, die eigenen Handlungsspielräume zu erkennen und auch zu nutzen. Überlegen Sie daher immer wieder in regelmäßigen Abständen:

- Wofür bin ich verantwortlich?
- Wo kann ich etwas ändern?
- Wo mache *ich* den Unterschied aus?

Zwei Steuerungsfragen helfen, den Stress zu reduzieren, das Gefühl von Kontrolle zu bekommen und negative Emotionen wie Wut und Ärger zu vermeiden:

- Wo ist meine persönliche Anwesenheit unabdingbar?
- Was hat jetzt Priorität, was ist zum *jetzigen Zeitpunkt* am wichtigsten?

7. Ignorieren Sie fast alles

„Ein Ja, ein Nein, eine gerade Linie, ein Ziel", dieses Zitat von Friedrich Nietzsche eignet sich als Leitsatz, wenn Sie wieder mal das Gefühl haben, dass Ihnen alles über den Kopf wächst.

Ignoriere fast alles – damit ist gemeint, bei unseren Aktivitäten wählerischer zu sein. Aber es geht schließlich auch um die Personen, die Sie an sich heranlassen. Nicht jedem schulden Sie Erklärungen, nicht jede Unverschämtheit eines Unbekannten muss beantwortet werden. Es geht darum, wählerischer zu sein,

- wem Sie Rechenschaft ablegen,
- wem Sie Ihre Handlungen erklären,
- bei wem Sie sich in welchem Ausmaß entschuldigen und
- bei wem Sie sich worüber beschweren.

Das alles heißt, wählerischer zu sein, wem Sie Zugang und Einfluss auf Ihren emotionalen Zustand bieten. Machen Sie einen Unterschied zwischen Fremden und Vertrauten und sorgen Sie so dafür, dass Sie sich nicht wegen Belanglosigkeiten ärgern oder wütend werden.

DANK

Der konstruktive Umgang mit Wut ist nicht nur ein individuelles Thema, er ist zunehmend auch eine gesellschaftliche Herausforderung. Mit diesem Buch möchte ich einen Beitrag dazu leisten, dass wir lernen, mit unseren negativen Emotionen besser umzugehen. Wenn wir uns umblicken, sehen wir, wie not das tut. Dass dieser Beitrag entstehen konnte, liegt auch an anderen Menschen:

„Family first" – mein größter und herzlichster Dank gilt meiner Familie, sie ist meine Heimat und eine stetige Quelle der Kraft und Inspiration!

Ich danke meinen Leserinnen und Lesern für das positive Feedback zu meinen bisherigen Büchern! Einen möchte ich hervorheben: Alfred Pittertschatscher. Es ist für mich eine besondere Wertschätzung, dass er sich mit meinen Texten beschäftigt.

Die Tatsache, dass meine Bücher jetzt beim humboldt Verlag erscheinen, hat sich als echter Glücksfall erwiesen. Ich bedanke mich sehr herzlich bei Linda Strehl und Katja Koschate sowie ihren Kollegen! Ihre Professionalität und Kompetenz sind ohnehin unbestritten. Ich möchte aber ganz besonders den unkomplizierten, ehrlichen, wertschätzenden Umgang hervorheben!

Zu guter Letzt ein vielleicht etwas ungewöhnlicher, aber wichtiger Dank: an all die Autorinnen und Autoren, die sich mit dem Thema Wut bereits beschäftigt haben! Das Literaturverzeichnis gibt die Möglichkeit, sich noch weiter zu vertiefen.

ANHANG

Quellen

1 Robertson DJ (2020). Stoicism vs. Jordan Peterson. On the Stoic Philosophy of Anger. Medium.com.

2 Harris WV (2004). Restraining Rage: The Ideology of Anger Control in Classical Antiquity. Harvard University Press.

3 Carman M, Dixon T (2017). The Rational Value of Political Anger. The History of Emotions Blog.

4 Paul Ekman Group (2021). Universal Emotions. https://www.paulekman.com/universal-emotions/.

5 Cox DE, Harrison DW (2008). Models of Anger: Contributions From Psychophysiology, Neuropsychology and the Cognitive Behavioral Perspective. Brain Structure & Function 212:371–385.

6 Zachar RM u. a. (2016). A SPECT Study of Cerebral Blood Perfusion Differences in High and Low Self-Reported Anger. Poster Presentation. https://www.div12.org/wp-content/uploads/2016/09/Rachel-Zachar-APA-Poster-Denver-2016.pdf.

7 La IS, Yun EK (2019). Effects of Trait Anger and Anger Expression on Job Satisfaction and Burnout in Preceptor Nurses and Newly Graduated Nurses: A Dyadic Analysis. Asian Nurs Res (Korean Soc Nurs Sci) 13(4):242–248.

8 Deffenbacher JL (1992). Trait Anger: Theory, Findings, and Implications. In: Spielberger CD, & Butcher JN (Eds.). Advances in Personality Assessment: Volume 9 (1st ed.), S. 177–202. Routledge.

9 Wilkowski BM, Robinson MD (2010). The Anatomy of Anger: An Integrative Cognitive Model of Trait Anger and Reactive Aggression. Journal of Personality 78(1):9–38.

10 Lerner JS, & Keltner D (2001). Fear, Anger, and Risk. Journal of Personality and Social Psychology 81(1): 146–159.

11 Kaya N, Tosun H (2018). The Relationship Between Nurses' Sociotropy-Autonomy Personality Characteristics and Trait Anger: Anger Expression Styles. SAGE Open, April 2018, doi:10.1177/2158244018772874.
12 MentalHelp.net (2021). Physiology of Anger. https://www.mentalhelp.net/anger/physiology/.
13 Garfinkel SN u. a. (2016). Anger in Brain and Body: The Neural and Physiological Perturbation of Decision-Making by Emotion. Social Cognitive and Affective Neuroscience 11(1):150–158. doi:10.1093/scan/nsv099.
14 Kienle D, Witte S. (2016). Heilsamer Zorn: Über die Wut und ihre positiven Wirkungen. GEO Kompakt Nr. 49. https://www.geo.de/magazine/geo-kompakt/15270-rtkl-psychologie-heilsamer-zorn-ueber-die-wut-und-ihre-positiven.
15 Augner C (2020). Selbstoptimierung ist auch keine Lösung. Patmos.
16 Slep AM u. a. (2021). Couples' Anger Dynamics during Conflict: Interpersonal Anger Regulation, Relationship Satisfaction, and Intimate Partner Violence. Family Process. https://doi.org/10.1111/famp.12634.
17 Lemay EP u. a. (2012). Experiences and Interpersonal Consequences of Hurt Feelings and Anger. Journal of Personality and Social Psychology 103(6):982–1006.
18 Kleinschmidt C (2013). Wohin mit der Wut? Manager Magazin. https://www.manager-magazin.de/lifestyle/fitness/a-886366.html.
19 Kant L u. a. (2013). Beware the Angry Leader: Trait Anger and Trait Anxiety as Predictors of Petty Tyranny. The Leadership Quarterly 24:106–124.
20 Schwarzmüller T u. a. (2017). It's the Base: Why Displaying Anger Instead of Sadness Might Increase Leaders' Perceived Power but Worsen Their Leadership Outcomes. Journal of Business and Psychology 32, 691–709.
21 Howard S (2019). Leaders Should Beware Trait Anger. Caliente Leadership. https://calienteleadership.com/leaders-should-beware-trait-anger/
22 Kerievsky J (2017). High Performance Via Psychological Safety. https://www.linkedin.com/pulse/high-performance-via-psychological-safety-joshua-kerievsky.

23 Kim u. a. (2020). How Psychological Safety Affects Team Performance: Mediating Role of Efficacy and Learning Behavior. Front Psychol. 11:1581. doi: 10.3389/fpsyg.2020.01581.
24 Strong D (2015). 7 Ways Anger Is Ruining Your Health. https://www.everydayhealth.com/news/ways-anger-ruining-your-health/.
25 Quan F u. a. (2021). The Longitudinal Relationships Among Agreeableness, Anger Rumination, and Aggression. Current Psychology 40:9–20.
26 Consedine NS & Moskowitz JT (2007). The Role of Discrete Emotions in Health Outcomes: A Critical Review. Applied and Preventive Psychology 12(2):59–75.
27 Mostofsky E u. a. (2014). Outbursts of Anger As a Trigger of Acute Cardiovascular Events: A Systematic Review and Meta-analysis. European Heart Journal 35, 1404–1410.
28 Diong SM u. a. (2005). Anger, Stress, Coping, Social Support and Health: Modelling the Relationships. Psychology & Health 20:4, 467–495.
29 Miers AC u. a. (2007). The Relation Between Anger Coping Strategies, Anger Mood and Somatic Complaints in Children and Adolescents. Journal of Abnormal Child Psychology 35(4):653–664.
30 Haushofer M (2020). Die Wand. Ullstein.
31 Tangney JP (2000). Humility: Theoretical Perspectives, Empirical Findings and Directions for Future Research. Journal of Social and Clinical Psychology 19(1):70–82.
32 Wright JC (2019). Humility as a foundational virtue (S. 146–174) In: Wright JC (Hrsg). Humility. Oxford University Press.
33 Norem JK, Cantor, N (1986). Anticipatory and Post Hoc Cushioning Strategies: Optimism and Defensive Pessimism in “Risky” Situations. Cognitive Therapy and Research 10:347–362.
34 Reilly PM u. a. (2019). Anger Management for Substance Use Disorder and Mental Health Clients. Participant Workbook. U.S. Department of Health and Human Services, Substance Abuse and Mental Health Services Administration, Center for Substance Abuse Treatment. https://store.samhsa.gov/sites/default/files/d7/priv/anger_management_workbook_508_compliant.pdf.
35 Churchill W. https://gutezitate.com/zitat/116320.
36 Seligman, M (2010). Erlernte Hilflosigkeit. Beltz.

37 Hussy W u. a. (2013). Forschungsmethoden in Psychologie und Sozialwissenschaften für Bachelor. Springer.
38 Bohl F (2020). Was Hoffnung macht. Franciska Bohl im Gespräch mit Barbara Pachl-Eberhart. Evangelisches Gemeindeblatt für Württemberg 39/20, S. 10–11.
39 Pachl-Eberhart B (2012). Vier minus drei. Heyne.
40 Augner C (2016). Seele auf Sinnsuche. Patmos.
41 Doyle AC (1993). Der vornehme Klient, in: Das Vampir von Sussex und andere Detektivgeschichten. Delphin.
42 Tejada KA (2018). Affective Perspective-Taking and Anger Regulation in Adolescent Peer and Parent Conflicts. Master's Level Project Presented to Fuller Theological Seminary, Graduate School of Psychology Pasadena, California.
43 Patterson K. u. a. (2002). Crucial Conversations. Tools for Talking When Stakes Are High. McGraw-Hill, New York.
44 Cervantes M de (2010). Don Quijote. Der sinnreiche Junker Don Quijote von La Mancha. Anaconda.
45 Stone DN, Deci EL, Ryan RM (2009). Beyond Talk: Creating Autonomous Motivation Through Self-determination Theory. Journal of General Management 34(3):75–91.
46 Nietzsche F (2017). Götzendämmerung. Nikol.
47 McKay B, McKay K (2021). Never Complain; Never Explain. https://www.artofmanliness.com/articles/never-complain-never-explain/#:~:text=Never%20complain%3B%20never%20explain.,Stanley%20Baldwin%20and%20Winston%20Churchill.
48 Van Dijk E u. a. (2008). A Social Functional Approach to Emotions in Bargaining: When Communicating Anger Pays and When it Backfires. Journal of Personality and Social Psychology 94:600–614.
49 Tiedens L (2001). Anger and Advancement Versus Sadness and Subjugation. The Effect of Negative Emotion Expressions on Social Status Conferral. Journal of Personality and Social Psychology 80(1):86–94.
50 Schwarzmüller T u. a. (2017). It's the Base: Why Displaying Anger Instead of Sadness Might Increase Leaders' Perceived Power but Worsen Their Leadership Outcomes. Journal of Business and Psychology. 32. 10.1007/s10869-016-9467-4.

51 Gneezy U, Imas A (2014). Materazzi Effect and the Strategic Use of Anger in Competitive Interactions. Proceedings of the National Academy of Sciences of the United States of America 111(4):1334–1337.

Weitere Bücher von Christoph Augner

In der Ruhe liegt deine Kraft. Wirksame Wege zu mehr Gelassenheit in einer lauten Welt. humboldt, Hannover 2021

Selbstoptimierung ist auch keine Lösung. Patmos. Schluss mit dem Perfektionswahn. Patmos, Ostfildern 2020

Seele auf Sinnsuche. Für eine Psychologie, die unserem Leben wieder Halt gibt. Patmos, Ostfildern 2016

Mehr Gelassenheit in einer lauten Welt

- Für alle, die durch Stille zu mehr Wohlbefinden und Leistungsfähigkeit finden wollen
- Ruheinseln im Alltag schaffen und mehr Gelassenheit finden
- Mit 11 einfachen und effektiven Anregungen, um nach einem stressigen Tag zur Ruhe zu kommen

Stand 2022. Änderungen vorbehalten.

Dr. Christoph Augner

In der Ruhe liegt deine Kraft

172 Seiten, Softcover
14,5 x 21,5 cm
ISBN 978-3-8426-3040-6
€ 19,99 (D) / € 20,60 (A)

Der Ratgeber ist auch als eBook erhältlich.

humboldt
...bringt es auf den Punkt.

Bibliografische Information der Deutschen Nationalbibliothek
Die Deutsche Nationalbibliothek verzeichnet diese Publikation in der deutschen Nationalbibliografie; detaillierte bibliografische Daten sind im Internet über https://dnb.de abrufbar.

ISBN 978-3-8426-3115-1 (Print)
ISBN 978-3-8426-3116-8 (PDF)
ISBN 978-3-8426-3117-5 (EPUB)

Originalausgabe

Die Ratgebermarke der Schlüterschen Fachmedien GmbH
Hans-Böckler-Allee 7, 30173 Hannover
www.humboldt.de
www.schluetersche.de

Aus Gründen der besseren Lesbarkeit wurde in diesem Buch die männliche Form gewählt, nichtsdestoweniger beziehen sich Personenbezeichnungen gleichermaßen auf Angehörige des männlichen und weiblichen Geschlechts sowie auf Menschen, die sich keinem Geschlecht zugehörig fühlen.

Autor und Verlag haben dieses Buch sorgfältig erstellt und geprüft. Für eventuelle Fehler kann dennoch keine Gewähr übernommen werden. Weder Autor noch Verlag können für eventuelle Nachteile oder Schäden, die aus in diesem Buch vorgestellten Erfahrungen, Meinungen, Studien, Therapien, Methoden und praktischen Hinweisen resultieren, eine Haftung übernehmen. Insgesamt bieten alle vorgestellten Inhalte und Anregungen keinen Ersatz für eine medizinische Beratung, Betreuung und Behandlung.

Lektorat: Linda Strehl, wort & tat, München
Covergestaltung: ZERO, München
Coverfoto: Shutterstock / Alexander Lysenko, mexrix, IrkoValenko
Satz: PER MEDIEN & MARKETING GmbH, Braunschweig
Druck und Bindung: gutenberg beuys feindruckerei GmbH, Langenhagen